ÉTUDES

SUR

LA LOI ÉLECTORALE

DU 19 AVRIL 1831,

ET

SUR LES RÉFORMES

DONT ELLE SERAIT SUSCEPTIBLE;

PAR

A. CHERBULIEZ,

Professeur de droit et d'économie politique à l'Académie de Genève,
auteur de la *Théorie des garanties constitutionnelles.*

Quis custodiet custodes ?

PARIS,

A. ROYER, LIBRAIRE-ÉDITEUR,
Place du Palais-Royal, 241.

1840.

ÉTUDES

SUR

LA LOI ÉLECTORALE

DU 19 AVRIL 1831.

COSSON, IMPRIMEUR DE L'ACADÉMIE ROYALE DE MÉDECINE,
Rue Saint-Germain-des-Prés, 9.

ÉTUDES

SUR

LA LOI ÉLECTORALE

DU 19 AVRIL 1831,

ET

SUR LES RÉFORMES

DONT ELLE SERAIT SUSCEPTIBLE ;

PAR

A. CHERBULIEZ ,

Professeur de droit et d'économie politique à l'Académie de Genève,
auteur de la *Théorie des garanties constitutionnelles.*

Quis custodiet custodes ?

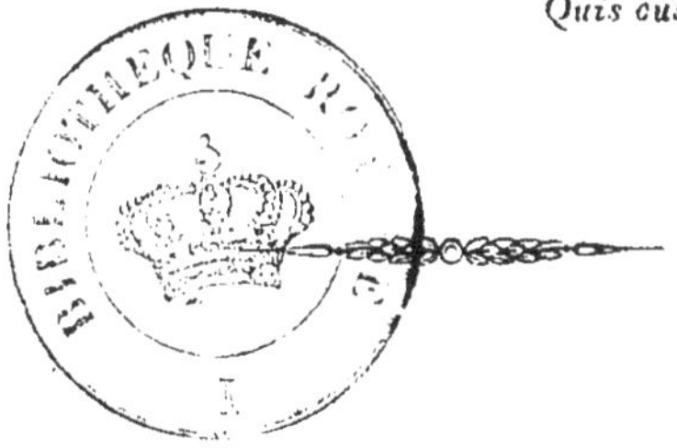

PARIS ,

A. ROYER, LIBRAIRE-ÉDITEUR,
Place du Palais-Royal, 241.

1840.

PRÉFACE.

L'auteur de cet écrit a un mérite assez rare parmi les écrivains qui s'occupent de questions politiques à l'ordre du jour, un mérite dont il peut se vanter sans immodestie, puisqu'il le doit uniquement au hasard de sa position : c'est celui d'être entièrement impartial. Il n'est rien et ne veut rien être en France ; il n'a rien à y demander ; il ne désire, et ne désirera probablement jamais y rien obtenir ; il n'a, par conséquent, aucun parti, aucune institution, aucun homme à y ménager.

Mais l'impartialité n'est pas de l'indifférence, et l'on concevra sans peine les motifs qui ont pu engager un publiciste étranger à prendre une loi française pour sujet de ses travaux et de ses méditations.

D'abord, la France est, de tous les grands états de l'Europe, celui dont il est le plus facile d'étudier de loin les institutions politiques, parce que ces institutions, encore récentes, ne se rattachent à rien de local , à aucune coutume , à aucun droit non écrit dont l'intelligence exige de savantes recherches. Tous les élémens qu'il est nécessaire de connaître pour en apprécier la portée appartiennent à notre siècle, et les documens où il faut les puiser se trouvent partout.

Ensuite , la vie politique de cette grande nation a un caractère expansif , et en quelque sorte contagieux , qui en rend l'étude éminemment intéressante pour les autres peuples, surtout pour ceux que leur langage, leurs lois, leur position géographique et leur faiblesse relative soumettent inévitablement à l'influence, je dirais presque au patronage de la France.

L'Angleterre a pu devancer, de plusieurs âges d'homme, tous les états du continent, sans propager parmi eux aucun des principes de son gouvernement, sans éveiller parmi leurs peuples aucun désir d'émancipation ni de progrès. En vain, depuis plus de cent ans, ses institutions étaient arrivées à un degré de perfection suffisant pour exciter l'envie des autres nations et l'admiration de leurs publicistes; en vain le régime représentatif, élaboré pendant des siècles, y avait acquis une maturité remarquable et s'y développait bruyamment à côté des monarchies absolues de la terre-ferme; en vain les mots constitution, liberté, droits du peuple, jury, séparation des pouvoirs, responsabilité des ministres, et d'autres non moins sonores, retentissaient chaque jour aux oreilles d'une foule d'étrangers que le commerce attirait dans cette île; les monarchies absolues n'en prenaient point ombrage; leurs dociles sujets ne s'en émouvaient point; il n'y avait rien, dans ce brillant phénomène, qui fût capable de secouer leur apathie et de les tirer de leur aveuglement.

Mais, au premier cri de liberté qui se fit

entendre sur les bords de la Seine, tous les peuples civilisés tressaillirent ; et il ne s'est pas opéré dès-lors un seul mouvement, rétrograde ou progressif, dans les institutions politiques de la France, dont le contre-coup ne se soit fait sentir au loin, et n'ait attristé ou réjoui, arrêté ou poussé dans la voie du progrès quelques nations du continent.

Ce fait, quelles qu'en soient les causes, est trop lisiblement écrit dans l'histoire des cinquante dernières années, pour qu'on puisse désormais le nier. Bon gré malgré, il faut reconnaître que l'avenir du gouvernement représentatif en Europe est intimement lié à celui des institutions que s'est données la France. Ces institutions prospèrent-elles ? parviennent-elles à concilier l'ordre avec le progrès ? nous avons tout à espérer. Au contraire, nous avons tout à craindre pour nos propres libertés si la France laisse périr celles dont sa Charte contient le germe, ou si, cédant à la puérile impatience de certains partis, elle compromet, par une marche trop rapide, les conquêtes qu'elle a déjà faites et dont un développement régulier peut seul assurer la conservation.

Qu'on ne s'étonne donc point de nous voir suivre avec attention les mouvemens de ce peuple dont la vie politique exerce une si grande influence sur nos destinées, et observer avec inquiétude les symptômes de perturbation qui se manifestent dans le jeu de son organisme constitutionnel. Les questions de réforme électorale qu'a soulevées, parmi les publicistes français, l'apparition de ces symptômes alarmans intéressent l'avenir de l'Europe aussi bien que celui de la France; et en cherchant à les résoudre, ce sont nos propres affaires que nous faisons, c'est de nos propres intérêts que nous nous occupons.

Avant d'entrer en matière, l'auteur doit dire naïvement ce qu'il appelle des symptômes de perturbation, et par quelles impressions et quels raisonnemens il a été conduit à prendre la loi électorale pour sujet spécial de ses *études*.

La Chambre élective lui paraît n'être plus à la hauteur de sa noble et difficile mission. Il cherche en vain, dans la marche qu'elle a suivie depuis quelques années, l'effet du contrôle que le pays doit exercer sur ses représentans, la trace du lien qui devrait rattacher ceux-ci à la masse de leurs concitoyens. Il voit les députés d'un peuple, dont la législation économique, civile et pénale réclame une foule de réformes urgentes, n'arriver à leurs siéges que pour s'y préoccuper des intrigues et y servir l'ambition personnelle de quelques meneurs habiles. Enfin, la France lui semble offrir l'image fidèle d'un corps atteint d'hydrocéphale, dont la tête monstrueuse ne vivrait que de fièvre, et ne tirerait plus de l'estomac les sucs nutritifs nécessaires pour maintenir le cerveau en bon état.

Voilà ses impressions. Il désire sincèrement qu'elles dépassent la réalité; mais, en les supposant exagérées, il lui sera toujours permis de considérer comme anormal et dangereux l'état de choses qui les a produites.

Que le développement de la constitution française suive une direction particulière, et doive amener pour résultat une forme spéciale et nouvelle de gouvernement représentatif, cela se conçoit aisément, et ce n'est pas là que gît le mal ; car le régime représentatif est un cadre élastique dans lequel on peut faire entrer mille combinaisons diverses des élémens sociaux. Le mal gît en ce que la Charte et les lois qui l'ont développée n'ont pas suffisamment pourvu jusqu'à présent aux exigences de cette forme spéciale ; le mal gît, surtout, en ce que le gouvernement et la législature se trouvent plongés dans une atmosphère de civilisation matérielle et intellectuelle , dont l'influence délétère n'est point suffisamment neutralisée par celle des élémens moraux qui dominent dans les parties plus saines du corps social.

Il est dans l'esprit du gouvernement représentatif que les députés se regardent comme les mandataires du peuple, et soient les fidèles représentans de ses intérêts ; que les organes du pays n'agissent qu'en vue du pays, et n'emploient qu'à l'avantage du pays les pouvoirs qu'il leur a confiés. Mais, pour qu'un tel principe anime les fonctionnaires et gouverne leur conduite politique, il faut que la morale publique l'ait adopté et sanctionné ; il faut que l'opinion le proclame hautement et le défende contre l'action dissolvante de l'analyse. Si l'analyse enveloppe continuellement le fonctionnaire dans un réseau de sophismes ; si, par une action incessante, et en s'armant au besoin du ridicule, elle sape un à un les principes qu'il a puisés à l'école ; si, non contente d'attaquer la morale dans son application à la vie privée, elle fait courir les mêmes dangers à la morale politique ; malheur à la constitution ! malheur au pays !

Les législateurs, les hommes d'action doivent rester étrangers à l'élaboration des doctrines qu'ils appliquent. A quoi le doute leur servirait-il ? Ce qu'il leur faut, ce sont des principes dirigeans et des connaissances pratiques. Une fois atteints par l'analyse, ils n'ont ni la force ni le loisir de procéder par la synthèse pour se faire à eux-mêmes leurs théories.

Il y a, chez toute nation engagée dans la voie du progrès, des centres d'activité intellectuelle où les doctrines s'élaborent, où l'analyse est perpétuellement en travail ; et il n'est ni possible ni désirable que la morale soit garantie contre toute atteinte de

la part de ces doctrines. La morale doit ,
comme tout ce qui est du domaine de la
pensée, subir avec le temps les modifications
que nécessite le mouvement interne de la
vie sociale. Mais les principes moraux que
la doctrine a mis en circulation dans la société ne sont pas destinés à périr en naissant;
ils doivent avoir vie dans la pratique, soit
en créant chez le législateur des convictions
capables de résister à l'analyse, soit, tout
au moins, en formant à côté de lui une
opinion publique assez puissante pour le
suivre et le diriger dans l'exercice de ses
fonctions, au milieu même de l'atmosphère
dissolvante d'une capitale riche et popu-
leuse.

Comment cet effet sera-t-il obtenu? *Quis
custodiet custodes?* Tel est le problème à
résoudre. Il s'agit d'assurer à la morale son
influence légitime sur les actes du gouvernement, et en particulier de la législature;
il faut que le sens commun du pays et ses
notions d'ordre morale servent de guides ou
de frein aux représentans qu'il se donnera,
et les accompagnent jusque sur leurs siéges;
autrement, l'avenir de la constitution et du

régime représentatif en France risque fort d'être gravement compromis.

Et, qu'on ne s'y trompe pas, il y a réciprocité d'influence entre le pays et le gouvernement. Si les tendances désorganisatrices se manifestent avec tant de persistance, si elles continuent à braver les menaces de la loi, à qui en est la faute? S'imagine-t-on qu'une société de trente-trois millions d'hommes puisse être gouvernée par la seule force des lois écrites, et maintenue dans une voie régulière de développement par le seul jeu externe et apparent du mécanisme constitutionnel que ces lois ont établi? Ce n'est pas assez que la masse d'un tel peuple soit convaincue, par son propre sens commun, de la nécessité d'un gouvernement quelconque, puisque ceux qui l'agitent et la soulèvent contre le gouvernement établi annoncent toujours la prétention d'en fonder un meilleur. Il est d'absolue nécessité que l'amour de l'ordre, c'est-à-dire de la loi, devienne un sentiment général, que le peuple aime la loi comme la réalisation, comme la forme extérieure et sensible de l'ordre moral, dont toute raison humaine se forme une notion plus ou moins distincte, plus ou

moins complète. Or, une des causes principales qui tendent à obscurcir, chez la masse
du peuple, les notions d'ordre moral, et à
diminuer, par conséquent, le besoin qu'elle
éprouve de vivre sous un régime légal et de
se soumettre à l'ordre établi, c'est l'immo-
ralité politique chez les fonctionnaires et les
hommes d'état, c'est ce culte ignoble de la
fortune où tant de consciences et de sympathies sont journellement offertes en holo-
causte.

Comment le peuple, qui ne joue qu'un
rôle passif, aimera-t-il une loi qui n'est pas
respectée de ceux même à qui elle confère
des droits actifs et des pouvoirs? Comment
s'attachera-t-il à un système de gouvernement dont la lettre seule est observée, tandis que l'esprit en est méconnu, dédaigné,
tourné en dérision par ceux qui sont chargés de l'appliquer?

La moralité politique est donc double
ment utile, d'abord, à cause de son influence
directe sur les actes des fonctionnaires, ensuite, afin que ces actes exercent à leur tour
une réaction salutaire sur la morale publi-

que, afin que les principes de la loi constitutionnelle, étant respectés par les dépositaires
du pouvoir, obtiennent aussi le respect des
masses.

Ces vérités une fois reconnues, le problème formulé ci-dessus est évidemment
du ressort de la loi électorale ; car c'est la
loi électorale qui seule, en France, détermine le degré d'influence qu'exercera le
pays sur les actes du gouvernement.

Quels sont les défauts qui empêchent la
loi du 19 avril 1831 d'atteindre son but?
Quelles sont les réformes qu'il serait à la
fois possible et convenable d'y introduire,
pour le lui faire atteindre? Voilà les questions que l'auteur s'est posées et qu'il a
essayé de résoudre, sans s'exagérer, toutefois, l'importance des résultats que de pareil-
les réformes peuvent avoir. Le temps est un
auxiliaire indispensable dans toute entreprise de ce genre, une condition absolue de
tout perfectionnement durable des institutions politiques. D'ailleurs, le mal est pro-
fond, et tient à plusieurs causes diverses.
Mais en arrêter l'accroissement serait déjà
beaucoup faire ; et pour aller plus loin,

pour imprimer au développement du régime représentatif une marche progressive et régulière, il faudrait toujours commencer par réformer la loi électorale, c'est-à-dire par améliorer l'instrument à l'aide duquel tous les progrès ultérieurs doivent être obtenus.

ÉTUDES

SUR

LA LOI ÉLECTORALE

du 19 Avril 1831,

ET

SUR LES RÉFORMES

DONT ELLE SERAIT SUSCEPTIBLE.

CHAPITRE PREMIER.

De l'Élection en général.

Toutes les garanties constitutionnelles ont un but commun, celui de diriger l'exercice des fonctions gouvernementales dans le sens des intérêts généraux de la société ; mais elles se divisent, d'après le mode d'action qui leur est propre, en deux classes. Les unes, en effet, agissent avant l'exercice des fonctions ; elles ont pour but spécial d'extraire de la masse sociale les êtres les plus propres à l'exercice de chaque fonction : ce sont des garanties *antérieures*. Les autres agissent après l'acte collatif de fonctions, et ont pour but spécial de maintenir le fonctionnaire dans la direction qu'il doit suivre, ou de la lui imprimer : ce sont des garanties *postérieures*.

L'élection appartient à ces deux classes. Comme garantie antérieure, elle peut fournir le moyen d'appeler à chaque fonction les hommes les plus propres à la bien remplir ; comme garantie postérieure, elle peut fournir le moyen d'appliquer aux actes des fonctionnaires la responsabilité morale.

Ce qui caractérise l'élection, envisagée comme garantie antérieure, c'est qu'elle fait dépendre de la volonté d'êtres intelligens chacun des actes collatifs auxquels on l'applique. Si l'intelligence des électeurs est à la hauteur de l'acte auquel ils doivent procéder, et si leur volonté est dirigée dans le sens des intérêts généraux ; en un mot, si les électeurs sont intellectuellement et moralement *capables*, le résultat sera tel qu'on peut le désirer. Les mesures employées, et les précautions prises pour réaliser cette double condition, c'est-à-dire, pour faire accomplir l'élection par des électeurs collectivement doués de la capacité réquise, constituent une première espèce de garanties électorales.

Ce qui caractérise l'élection, envisagée comme garantie postérieure, c'est qu'elle applique la responsabilité morale par un moyen légal. Le fonctionnaire qui se présente pour être réélu à des fonctions temporaires soumet sa conduite précédente au jugement des électeurs ; et ce jugement, c'est la loi elle-même qui autorise et appelle les électeurs à le prononcer. L'opinion publique acquiert donc par-là une manifestation légale, éminemment salutaire si elle a lieu dans le sens des intérêts généraux. Les précautions prises pour rendre cette manifestation possible, efficace et salutaire, constituent une seconde espèce de garanties électorales.

La réunion de ces deux caractères est propre à l'élection. La nomination par le sort, qui a servi quelquefois de garantie contre le danger d'une mauvaise élection, ne fournit aucun moyen d'appliquer la responsabilité. Quant aux fonctionnaires qui sont appelés en vertu de certaines qualités déterminées d'avance par le législateur, comme les membres d'une législature héréditaire, il est évident que leur nomination n'est point le résultat direct d'une opération de l'intelligence. Ils n'ont pas été choisis individuellement pour remplir leurs fonctions ; ils appartiennent seulement à une catégorie que l'on a désignée d'avance comme devant fournir les sujets les plus aptes à de telles fonctions.

Ce mode de nomination ne saurait donc servir, non plus que le tirage au sort, à l'application de la responsabilité morale.

Dans la plupart des lois électorales en vigueur, et notamment dans celle qui va nous occuper ici, on trouve des conditions d'éligibilité combinées avec l'élection pour suppléer à l'insuffisance des capacités électorales. Le législateur, se défiant de la capacité des électeurs, malgré les précautions qu'il a prises pour s'en assurer, désigne une ou plusieurs catégories de citoyens qui seront seules appelées à fournir les candidats ; il attache l'éligibilité à certaines qualités qu'il considère, en thèse générale, comme fondant une présomption d'aptitude à l'exercice des fonctions.

Cette restriction du droit électoral peut se trouver justifiée par l'imperfection des autres garanties électorales, et il serait certainement déraisonnable de la rejeter de prime abord ; mais il ne faut pas non plus perdre de vue qu'elle tend nécessairement à diminuer l'efficacité de l'élection, considérée comme moyen d'appliquer la responsabilité morale, puisqu'on ne saurait diminuer le nombre des éligibles sans diminuer en même temps la chance de non-réélection pour ceux d'entre eux qui ont déjà exercé les fonctions auxquelles ils aspirent.

La même réflexion s'applique à toutes les mesures qui seraient prises pour exclure les électeurs incapables, ou pour préserver ceux qu'on admet de l'influence des motifs séducteurs. En diminuant le nombre des électeurs, et en soustrayant leurs votes au contrôle de l'opinion publique, on s'expose à fausser, et à rendre inefficace la sanction morale qu'ils sont chargés d'appliquer.

On paraît avoir peu compris, en général, l'importance de l'élection agissant comme garantie postérieure; et, cependant, c'est presque la seule garantie de ce genre qu'on puisse appliquer aux fonctions législatives. Les membres de la législature, qui échappent a toute responsabilité légale, et sur lesquels la sanction morale manque le plus souvent de prise, parce qu'elle se divise en les atteignant, sont cependant sous le réat de cette sanction, lorsqu'elle revêt la forme légale d'un vote électoral. Ici, point de peine collective et partagée; la menace s'adresse à chaque législateur individuellement; chacun est condamné ou absous, non à cause des actes collectifs aux-

quels il a participé, mais à cause de ses votes,
de ses discours, en un mot, de ses actes individuels.

Dans les pays où l'on a induement étendu le
droit électoral en l'accordant à des masses d'incapables, c'est par l'abus de la responsabilité que
cette erreur devient pernicieuse, beaucoup plus
que par le résultat direct de l'élection elle-même.
La manifestation électorale de l'opinion publique
acquiert alors une telle énergie, que rien ne lui
résiste : les hommes ambitieux de pouvoir sont
entraînés par le vœu populaire dans les directions
les plus fausses, et servent d'instrumens aux tendances les plus anti-sociales ; ceux qui savent quelquefois le mieux, dans leur conduite privée, se
rendre indépendans de l'opinion, et braver la cri-
tique ou les injures, s'inclinent devant l'urne électorale, et sacrifient à l'envi, sur cet autel de la
popularité, leurs convictions et leurs sympathies.

L'élection, envisagée comme moyen d'application de la responsabilité morale, fournit donc
un puissant mobile, capable de produire beaucoup de mal ou beaucoup de bien, suivant la manière dont il sera mis en œuvre ; un mobile dont
il n'est permis de faire abstraction ni au législateur qui établit une loi électorale, ni au publiciste qui la juge.

CHAPITRE II.

Principes de la loi du 19 avril 1831.

Après avoir établi l'élément rationnel de la question de réforme, il faut, avant de passer outre, en étudier l'élément historique.

Les dispositions de la loi actuelle sont l'application plus ou moins complète de trois principes dirigeans :

Le principe de la souveraineté du peuple,

Le principe de la capacité,

Le principe de la propriété.

Le principe de la souveraineté du peuple est anarchique dans son expression absolue ; mais, en se mêlant comme droit positif à la vie réelle d'une société, il assume nécessairement, et en dépit de la théorie, un caractère pratique ; il devient compatible avec l'existence permanente d'un organisme social. C'est ce qui est arrivé en France, au moins depuis 1830. Le principe, raccorni, assoupli, émoussé entre les mains des législateurs, et des hommes d'état qui ne voulaient pas ou ne pouvaient pas le faire disparaître, s'est

trouvé peu à peu réduit à l'état de simple né-
gation :

« Il n'est aucun individu, ni aucun corps, dans
» le pays , qui possède la souveraineté en vertu
» d'un droit, inné ou acquis, antérieur à la con-
» stitution. La souveraineté ne peut résider que
» dans la nation entière , et ceux qui l'exercent
» n'en sont revêtus que par délégation. En con-
» séquence , les droits politiques ne sauraient
» jamais être des priviléges de naissance ; ils
» ne doivent être attachés qu'à des conditions
» auxquelles tout citoyen français puisse at-
» teindre. »

C'est ainsi que les principes absolus se trans-
forment, dans la pratique, en principes dirigeans;
et deviennent , grâce à leur expression mitigée ,
conciliables avec d'autres principes qu'ils exclu-
raient absolument en théorie.

Toutefois, le principe absolu est resté, comme
formule, dans le langage de certains partis, qui
ne se font pas faute d'en tirer les conséquences
rigoureuses. En Suisse , et aux États-Unis , où
des constitutions vivantes le proclament en toutes lettres , il soutient , avec les gouvernemens
établis, une lutte continuelle dont il est difficile
de prévoir l'issue. On ne le trouve formulé nulle
part, il est vrai, dans le droit public de la France;

mais de mémorables événemens l'y ont irrévocablement introduit, et, d'ailleurs, il est implicitement écrit dans le préambule de la Charte.

Tant que cette idée absurde demeure à l'état de pure doctrine, elle peut être réfutée; elle l'a été mille fois et victorieusement. Cela n'est plus aussi facile quand elle est devenue droit positif. Ce qu'on doit faire alors, c'est de la modifier, d'en tirer, s'il est possible, des conséquences applicables; mais la formule subsiste, formule toute-puissante sur les esprits peu cultivés, et d'autant plus puissante, que la saine doctrine ne peut essayer d'en faire justice qu'en s'attaquant à un principe consacré par le droit positif.

L'article premier de la loi électorale renferme le principe de la souveraineté du peuple combiné avec les deux autres :

« Tout Français jouissant des droits civils et » politiques, âgé de vingt-cinq ans accomplis et » payant deux cents francs de contributions di» rectes, est électeur, s'il remplit, d'ailleurs, » les autres conditions fixées par la présente loi. »

« Tout citoyen français est électeur; » c'est-à-dire, les droits politiques sont, pour le citoyen français, des droits ouverts, que nul ne peut l'empêcher d'acquérir, ni lui faire perdre, autrement que par sa faute, lorsqu'il en est une fois revêtu. Cependant l'exercice de ces droits exige certaines aptitudes intellectuelles et morales, une certaine capacité; de là le second principe :

« Nul n'est électeur, s'il n'a la capacité re-
» quise pour l'exercice du droit électoral. »

Or, comment s'assurer de la capacité des électeurs? Ici le législateur recourt, comme dans une foule d'autres circonstances, à un procédé synthétique ; il détermine d'avance certaines qualités externes et sensibles, dont la présence fait présumer celles des qualités internes. Et d'abord, de même qu'il a fixé d'une manière générale le terme de la majorité civile, il fixe le terme de la majorité politique; ensuite, parmi les citoyens majeurs, il appelle ceux dont le revenu est tel qu'il a dû leur inspirer l'amour de l'ordre, et leur procurer un développement intellectuel suffisant pour l'exercice des fonctions électorales; c'est le troisième principe :

« Ne sont réputés capables, et admis à l'exer-
» cice des droits électoraux, que les citoyens
» majeurs dont le revenu n'est pas au dessous
» du minimum fixé par la loi. »

On a dit que le législateur, en établissant le cens électoral et les exclusions qui en résultent, avait été déterminé par le seul principe de pro-

priété, et nullement par celui de capacité. C'est
une erreur manifeste; car, dans ce cas, pourquoi
aurait-il adopté un cens aussi élevé? L'intérêt
que prend un contribuable au maintien de l'ordre,
et à l'observation des lois qui protégent la propriété, ne se mesure point sur la quotité absolue
de son revenu ou de ses contributions. L'attachement au pays et le besoin de protection légale
doivent se rencontrer au même degré chez tous
les citoyens qui vivent du revenu de leurs capitaux ou de leurs propriétés foncières.

Une preuve évidente de l'intention du législateur se trouve dans l'article sixième, qui décide
que l'impôt des portes et fenêtres sera compris
dans le cens électoral, non du propriétaire, mais
du locataire de l'immeuble loué. Par cette disposition, les revenus de certains contribuables
s'apprécient d'après leur consommation; or, le
revenu qui est consommé sous forme de loge-
ment dans une ville de France peut provenir
de capitaux placés dans les fonds étrangers ou
dans l'industrie étrangère; il peut aussi être le
salaire d'une industrie productive ou improduc-
tive : dans l'un et l'autre cas, le contribuable deviendra électeur sans posséder aucune propriété
sur le territoire de la France, sans être attaché
au pays par aucun de ces liens dont la loi aurait

fait une condition indispensable de l'attribution du droit électoral.

Enfin, ce qui ne laisse subsister aucun doute sur cette question, c'est l'article troisième, ainsi conçu :

« Sont en outre électeurs, en payant cent
» francs de contributions directes : 1° les mem-
» bres et correspondans de l'Institut ; 2° les offi-
» ciers des armées de terre et de mer, etc. »

Pourquoi les membres de l'Institut sont-ils électeurs avec un cens exceptionnel ? Parce que leur qualité d'académiciens fournit déjà une présomption de capacité. Pourquoi exige-t-on d'eux un cens quelconque ? C'est que la propriété est nécessaire pour compléter cette présomption. La même explication s'applique aux électeurs de la seconde catégorie , et la présomption de capacité ne devient complète à leur égard qu'au moyen du cens électoral.

Je ne connais et ne puis imaginer aucune autre interprétation raisonnable de cet article. Ici se trouvent implicitement énoncés les deux principes de la capacité et de la propriété qui ont dirigé le législateur dans toute son œuvre. D'un côté, il n'appelle la propriété que parce qu'elle fonde une présomption de capacité; de l'autre, il n'admet la capacité qu'autant qu'elle est constatée, en tout ou en partie, par la propriété.

Dire que les censitaires ne sont appelés à l'é-lection qu'en leur qualité de contribuables, et à cause de l'impôt qu'ils paient à l'état, c'est assimiler la France à une vaste exploitation industrielle où les plus forts actionnaires participeraient seuls à la direction de l'entreprise, et où chacun d'eux n'aurait droit de suffrage qu'en proportion de sa mise sociale; c'est faire de la production et de l'accumulation des richesses matérielles le but unique de l'association politique. Telle n'était certainement pas la pensée des auteurs de la loi électorale.

Le but de l'association politique étant de procurer le plus grand développement possible des facultés physiques, intellectuelles et morales de chacun des membres dont elle se compose, l'organisme social est destiné à diriger et à faire converger vers ce but toutes les activités individuelles. La richesse matérielle ne joue là qu'un rôle secondaire; elle n'est qu'un moyen de développement, pour la société comme pour les individus. Or, le législateur, ayant reconnu ce fait général, s'en est emparé pour fonder une présomption de capacité. Il a pris le moyen de développement pour signe du développement, la cause pour signe de l'effet.

Le procédé suivi dans ce cas est exactement le même que celui en vertu duquel la capacité civile est attribuée aux majeurs. L'âge de la majorité n'est qu'une cause générale, un signe souvent trompeur de cette capacité; mais le législateur, qui ne peut constater la capacité réelle de chaque individu, attache la capacité civile au signe le plus général de cette capacité réelle.

Dans la loi électorale, la généralisation est poussée un degré plus loin; car, outre que la capacité est présumée d'après le revenu, le re-venu lui-même est présumé d'après le cens. Par-là, sans doute, se trouvent augmentés et le nombre des chances d'erreur et celui des erreurs réellement commises; mais c'est un vice d'exé-cution qui n'atteint pas les principes.

Au reste, la question de savoir si le législateur a suivi, autant qu'il l'aurait pu, la direction qu'il avait adoptée, n'est point celle que j'ai eue en vue dans ce chapitre. J'ai seulement voulu découvrir et constater cette direction, extraire de la loi les principes dirigeans qui en constituent l'esprit, afin de gagner ainsi, pour les questions de ré-forme, un terrain historique sur lequel on puisse librement les débattre.

Il ne manquera pas de gens qui trouveront ce travail parfaitement inutile. A quoi bon, diront-ils, s'occuper des principes de la loi, si les conséquences qu'on en a tirées sont fâcheuses? Étudions l'œuvre dans ses résultats ; quand nous aurons prouvé qu'elle a besoin d'être réformée, la théorie nous fournira tous les principes dont nous aurons besoin pour procéder à cette réforme.

J'avoue que je ne saurais adopter cette manière de voir. Quelquefois les principes d'une institution meurent d'eux-mêmes, et en quelque sorte de vieillesse ; d'autres fois ils périssent au milieu d'une tempête révolutionnaire avec les intérêts qui leur servaient d'appuis. Alors le législateur, appelé à réformer l'institution, ne fait que déclarer l'abolition déjà consommée des principes anciens, et leur en substituer de nouveaux qu'il n'invente point, mais qu'il trouve tous vivans dans la société. C'est ce qui est arrivé en Angleterre, à l'occasion du bill de réforme, et en France, lorsque l'hérédité de la pairie a été supprimée.

Mais il ne serait ni prudent, ni toujours possible, d'arracher d'une institution un principe encore plein de vie, ou d'en introduire un tout nouveau. Telle n'est point la mission du législateur, qui doit suivre pas à pas le développement interne de la société, pour ne lui imposer que

des lois dont elle éprouve le besoin , et dont elle
puisse prévoir les résultats.

Il n'est pas donné à l'intelligence humaine de
calculer d'avance la portée d'un nouveau principe introduit dans la vie sociale. La réforme
opérée de cette manière n'est plus une réforme,
c'est une révolution ; et cette révolution , si elle
procède sur les faits avant de s'être accomplie
dans les idées , n'aboutira le plus souvent qu'à
un déplacement du pouvoir, à un simple chan-
gement de personnes.

Un principe a cessé de vivre lorsque l'institution dont il était l'âme n'atteint plus son but ,
lorsqu'elle a dégénéré au point de produire des
résultats directement contraires à ce principe
même et aux vues de ceux qui l'ont appliqué.
Quand l'hérédité de la pairie , destinée à fournir
une législature aristocratique et indépendante ,
n'avait abouti qu'à peupler la Chambre haute
d'hommes ultra-monarchistes ou servilement dé-
voués au pouvoir, il fallait bien reconnaître que
cette institution n'avait plus de racines dans le
pays , que le principe qui seul aurait pu lui
faire atteindre son but avait disparu de la société
française. En est-il ainsi des principes dirigeans
de la loi électorale ? C'est ce que j'examinerai
dans les chapitres suivans.

CHAPITRE III.

Des motifs qui justifient les conditions de capacité électorale (1).

J'ai dit que l'élection , considérée comme garantie antérieure , c'est-à-dire comme moyen d'appeler aux fonctions législatives les citoyens aptes à les bien remplir, tire son mérite principal de ce que chacun des actes dont elle se compose est accompli par un être intelligent. Mais pour que cet avantage soit réel, et que l'élection soit une garantie efficace, il faut què l'intelligence des électeurs soit éclairée, sans quoi l'opération à laquelle ils procéderaient ne serait qu'un tirage au sort déguisé ; il faut de plus que leur volonté soit libre , autrement le résultat de leurs

---

(1) Je renvoie, une fois pour toutes, le lecteur à l'ouvrage que j'ai publié sous le titre de *Théorie des garanties constitutionnelles*, pour le développement des principes généraux dont cet écrit présente l'application , et que j'ai dû me borner à rappeler ici en peu de mots.

votes serait pire que celui du sort. L'intelligence
des électeurs doit être éclairée sur leurs vrais intérêts de citoyens , et sur les aptitudes intellectuelles et morales des candidats qu'ils ont à élire;
leur volonté doit être libre de toute influence corruptrice au moment de l'opération.

Ce simple énoncé de ce qui constitue la capacité électorale suffit pour faire comprendre
qu'elle ne saurait se trouver chez tous les citoyens,
ni être également répandue parmi les diverses
classes de la société. De là résulte, en général,
la convenance de n'accorder les droits électoraux
qu'aux citoyens chez lesquels un certain développement d'intelligence pourra être constaté,
ou tout au moins présumé; convenance qui s'ac-
croit à mesure que les opérations électorales deviennent plus difficiles, à mesure que les fonctions auxquelles il s'agit de pourvoir exigent de
plus hautes aptitudes , une réunion plus rare de
qualités morales , de connaissances acquises et
de puissance intellectuelle.

Or, il existe des causes spéciales qui rendent
la tâche du législateur plus difficile en France
qu'elle ne l'est peut-être dans aucun autre État
monarchique. Ces causes se trouvent dans les
trois faits suivans, aujourd'hui peu contestés,
encore moins contestables, et qui dominent toutes

les questions de réforme électorale actuellement
débattues :

La France est essentiellement monarchiste.

La France n'a plus d'aristocratie.

La France est un État fortement centralisé.

Constater l'influence de ces causes sur l'exercice des fonctions législatives, ce sera démontrer
la convenance des conditions de capacité auxquelles est attaché, sous la loi actuelle, l'exercice
du droit électoral.

CHAPITRE IV.

La France est essentiellement monarchiste. Premier motif spécial qui justifie les conditions de capacité.

La France est monarchiste par habitude et par instinct. Les tendances du pays sont tellement fortes dans ce sens que si la royauté y tombe entre les mains d'un prince habile, les garanties constitutionnelles s'affaiblissent aussitôt, le régime représentatif s'altère, la constitution est menacée; tout cela sans la faute du prince, sans qu'il ait autre chose à faire, pour accroître son pouvoir, que de l'exercer avec intelligence et fermeté dans les limites qu'il trouve établies.

Le temps a créé les habitudes, et ce n'était pas assez d'une révolution pour les déraciner. Quant aux instincts, ils proviennent d'une connaissance plus ou moins complète, raisonnée chez les uns et intuitive chez les autres, des rapports intimes qui existent entre la forme de gouvernement monarchique et l'organisation actuelle de la société française.

La présence de ces habitudes et de ces instincts
se manifeste dans la vie politique d'un peuple,
et jusque dans sa vie privée, par une foule de
symptômes, souvent indéfinissables, qui frappent
vivement l'étranger, citoyen d'une république.
Le monarchisme ne manque point de noblesse, et
il est, comme la royauté elle-même, plein de
poésie; mais il en paraît plus dangereux à côté
d'un gouvernement constitutionnel, dont les formes ne sont pas le moins du monde poétiques, et
ne peuvent guère le devenir qu'à force d'ancien-
neté, ou lorsque de grands souvenirs nationaux
s'y rattacheront.

Dans un pays essentiellement monarchiste,
par habitude et par instinct, le maintien et le
développement progressif du régime représentatif ne sont possibles qu'à certaines conditions,
dont la première, la seule que j'aie à mentionner
ici, est la présence d'une législature élective,
composée d'hommes forts par leurs lumières,
leurs talens , leur caractère public et leur position sociale. En effet, ces hommes ont à combat-
tre, dans l'accomplissement de leur mission, non
seulement le prince, la cour et le ministère, mais
encore les tendances du pays entier. La royauté,
comme tous les pouvoirs, est douée d'une force
expansive, et ici son expansion se trouve favori-

sée par la nature de l'atmosphère qui lui sert de milieu. Ce n'est pas en plaine, c'est sur une pente glissante, que le roi et les représentans du pays se rencontrent; ensorte que, aux difficultés ordinaires de la lutte, se joint, pour ceux-ci, le désavantage d'un terrain inégal, sur lequel ils reculent dès qu'ils cessent d'avancer.

Pour satisfaire aux exigences d'une telle position, il ne faut pas moins qu'une assemblée nombreuse, dont les membres jouissent individuellement de l'ascendant que procure un mérite personnel reconnu; il faut une masse imposante d'hommes supérieurs qui unissent, à l'intelligence des questions législatives ordinaires, celle des questions beaucoup plus délicates que soulève chaque jour la marche du gouvernement représentatif dans des circonstances aussi difficiles.

Voilà un premier et puissant motif pour ne confier le choix de la législature qu'à des électeurs capables.

CHAPITRE V.

La France n'a plus d'aristocratie. Second motif spécial qui justifie les conditions de capacité.

Combien le motif signalé dans le chapitre précédent n'acquiert-il pas de force lorsqu'on y ajoute ce fait, que la France n'a plus d'aristocratie, par conséquent plus de Chambre haute possible, c'est-à-dire plus de législature dont les tendances conservatrices, tout en ralentissant, d'une part, les progrès de la démocratie, opposent, d'autre part, un obstacle invincible aux empiétemens de la royauté?

Je ne m'explique point ici sur la question de savoir si la Chambre haute doit être considérée comme un élément indispensable de toute constitution monarchique représentative. Quel que soit l'avis qu'on adopte à cet égard, il est impossible de méconnaître les services importans que peut rendre cette institution lorsqu'elle est établie sur des bases solides. En vain dirait-on que la démocratie ne recule jamais, qu'elle va sans cesse gagnant du terrain, et que son triomphe définitif est assuré, en dépit des progrès apparens ou éphémères que peut faire la monarchie. Tant que le principe monarchique trouvera en Europe des millions d'hommes prêts à lui servir d'instrumens, tant qu'il pourra recourir à une pression extérieure pour écarter ou anéantir les obstacles qui le gêneront dans son développement intérieur, la démocratie ne devra point se croire à l'abri d'une rétrogradation partielle ou temporaire. D'ailleurs, peut-il être indifférent aux sociétés humaines d'atteindre leur but par une marche lente et régulière, plutôt que par saccades et par soubresauts? N'est-il pas avantageux à la démocratie elle-même d'avancer paisiblement et par une suite de transactions avec ses ennemis, plutôt que de se ruer en aveugle sur les obstacles, et de bouleverser, chemin-faisant, une foule d'intérêts qui lui garderont rancune et l'entraveront de mille manières? Hâte-toi lentement! C'est le secret de la réussite, pour les peuples encore plus que pour les individus. Demandez à l'Angleterre si elle voudrait être arrivée au point où elle en est, par une douzaine de révolutions, plutôt que par la voie qu'elle a suivie.

Pour qu'une Chambre haute puisse faire l'office de régulateur dans la machine politique, la préser-

ver de secousses et d'oscillations, et servir d'obstacle aux empiétemens du principe monarchique
en assurant le développement progressif de la démocratie, elle doit réunir certaines conditions que
je crois inutile de rappeler ici. Tous les hommes
éclairés comprennent ce qu'est devenue aujour-
d'hui la Chambre des Pairs, et savent par quelles
causes elle l'est devenue. Ce sont des faits accomplis sur lesquels il serait désormais superflu de
s'arrêter; et plus on respecte individuellement les
hommes dont ce corps est formé, plus on s'afflige
de les voir collectivement réduits à un rôle politique si fort au dessous de celui que leur mérite
personnel les appellerait à remplir. Mais, les faits
étant donnés tels que nous les connaissons, la
conséquence qu'il en faut tirer me paraît évidente :
c'est à la Chambre élective à fournir le régulateur;
c'est dans sa majorité que doivent se manifester
et prévaloir les tendances conservatrices qu'elle
ne trouvera plus hors d'elle-même. Cette mission sera remplie par les *centres*, c'est-à-dire
par cette fraction de la législature qui se montre
le moins accessible à l'entraînement, le plus
rebelle à la discipline des partis et à leur logique
absolue. Il faudra de toute nécessité que l'action de la Chambre sur le gouvernement, et son
influence sur la solution des grandes questions

politiques, émanent des centres plutôt que des extrémités, et ce sera aux centres que devra, en thèse générale, appartenir la majorité.

C'est donc commettre une grave erreur que de proposer les allures du Parlement anglais comme un modèle à suivre pour la Chambre des Députés. Qu'on admire, en Angleterre, et qu'on y envisage comme un beau résultat des habitudes constitutionnelles du pays ces phalanges compactes, rangées sous deux ou trois chefs de file, et votant avec l'ensemble et l'unité que peut seul inspirer l'esprit de parti, à la bonne heure; mais ce n'est pas avec de tels élémens que la législature française satisfera aux exigences de sa position. Placée seule, comme elle l'est, entre le pays et le prince, elle ne saurait avoir pour mission de pousser à tout hasard le gouvernement dans une direction déterminée ; car son impulsion serait fatale, définitive, et d'une efficacité immédiate.

Le *Commoner* anglais, en dépit de l'omnipotence parlementaire, se meut dans une sphère d'action passablement étroite. La réalisation des mesures auxquelles il participe n'est jamais pour lui qu'une éventualité douteuse, dont il est séparé par le vote de la Chambre des Lords, et par celui d'un peuple accoutumé à se faire entendre, d'un peuple qui saurait émousser, entre les mains du prince et du ministère, les instrumens d'oppression que la législature leur aurait imprudemment confiés. A cette Chambre et à ce peuple la responsabilité des actes qu'ils ont laissé accomplir et qu'ils auraient pu empêcher! Le Commoner s'en lave les mains. Pourvu qu'il ait été bon tory, bon wigh, ou bon radical', on ne lui demande rien de plus.

Une majorité de centres ne serait dans la Chambre des Communes qu'un embarras ; elle embrouillerait tout le mécanisme constitutionnel de l'Angleterre, rendrait extraordinairement difficile pour la couronne le choix de ses ministres , et ferait peut-être passer à la Chambre des Lords tout le pouvoir, toute la prépondérance législative dont les Communes sont aujourd'hui en possession. Supposez, au contraire, la Chambre française fractionnée en partis exclusifs et bien tranchés , il ne se passera pas une session avant qu'elle ait entraîné le pays dans quelque voie extrême, au préjudice des libertés constitutionnelles, et de la prospérité nationale dont la garde lui est confiée.

Les électeurs français ne doivent donc point servir d'instrumens aux partis, et l'élection ne peut pas être uniquement une lutte entre des opinions ou des principes ; car les hommes qu'il s'agit de nommer ne seront pas quittes envers le pays lorsqu'ils auront été fidèles à une opinion, conséquens à un principe. Il faut à la Chambre des hommes capables non seulement de comprendre les questions politiques, mais d'apprécier la portée complète des solutions diverses qu'admettent ces questions, des hommes assez forts pour tout décider par eux-mêmes et pour assumer la responsabilité entière de ce qu'ils auront décidé. Le choix de tels hommes pourrait-il, sans la plus haute imprudence, être confié à des électeurs incapables ?

CHAPITRE VI.

La France est un État fortement centralisé. —
Troisième motif spécial à l'appui des conditions
de capacité.

Il est évident que la centralisation gouverne-
mentale contribue encore à isoler la Chambre, à
l'affranchir de tout contrôle, à la priver de toute
direction du dehors dans l'exercice de ses fonctions. Grâces à la centralisation, il n'y a point
d'autorités inférieures ni d'assemblées populaires
qui représentent, sous des proportions réduites,
les grands corps constitutionnels; point de
groupes qui puissent donner à l'expression de
l'opinion publique le caractère de votations ré-
fléchies et collectives. La société ne se compose
que d'individus, tout au plus de familles, au
dessus desquelles se trouve immédiatement la
législature, puis le prince.

La Chambre se trouve ainsi suspendue dans
le vide. Rien au dessus d'elle que le prince; rien
au dessous d'elle que le peuple!

L'absence de représentation municipale ou

provinciale produit encore un autre effet, celui de priver les éligibles de tout moyen et de toute occasion de se faire connaître d'avance aux électeurs. Il n'y a point de tribune d'essai où le futur Député puisse préluder à la carrière législative sous les yeux des citoyens dont il ambitionne les suffrages. Combien le choix à faire par ceux-ci n'en devient-il pas plus difficile?

Telles sont les données de fait sous l'influence desquelles le gouvernement représentatif doit se développer en France. Les nier serait absurde ; en faire abstraction, dangereux. Qu'importe qu'elles soient meilleures ou pires que les données anglaises? Elles sont autres, voilà le point essentiel à constater; elles sont autres par la faute de l'aristocratie, non par celle du peuple ou du prince; mais c'est une faute qui date de loin, et dont les conséquences sont trop bien assises pour qu'on puisse songer à en revenir.

L'imitation des formes anglaises eût été déplacée dès 89, elle serait extravagante aujourd'hui. On ne refait pas son histoire à volonté. L'homme d'âge mûr a beau déplorer ses écarts de jeunesse ou les circonstances défavorables qui ont présidé au développement de ses facultés, il n'en est pas moins obligé d'accepter le résultat de ces écarts et de ces circonstances.

En Angleterre, le progrès graduel est la conséquence d'un système de contre-poids qui a ses racines dans le pays. En France, il doit sortir tout armé de l'urne électorale, comme Minerve de la tête de Jupiter.

En Angleterre, la constitution est comme une fabrique où, grâces à la division du travail, un produit compliqué résulte de plusieurs opérations simples, accomplies par autant de travailleurs différens, sous la direction savante de quelques hommes d'État.

L'ouvrier peut n'avoir point la conception de l'ensemble, pourvu qu'il exécute avec intelligence et précision le mouvement qu'on exige de lui. En France, point de division du travail. L'artisan fait son œuvre tout entière; il doit en connaître les diverses parties et savoir les combiner de manière à obtenir le meilleur produit possible. A l'intelligence des détails, il doit joindre celle de l'ensemble; à la connaissance des moyens qu'il faut employer, celle du but qu'il faut atteindre.

L'artisan, c'est la Chambre élective; et plus elle aura besoin d'intelligence pour accomplir sa tâche, plus il faudra de discernement chez les électeurs auxquels le choix de ses membres est confié.

Les conditions auxquelles la loi électorale attache le droit d'élire et celui d'être élu sont-elles de nature à garantir ce discernement? C'est ce qu'il me reste à examiner.

CHAPITRE VII.

Du principe de propriété.

Il serait superflu, sans doute, de démontrer ici que la richesse est, de nos jours, la circonstance matérielle sur laquelle on peut, avec le plus de confiance, asseoir une présomption de capacité. Les progrès de la civilisation, en effaçant peu à peu les inégalités conventionnelles que les institutions du moyen-âge avaient créées, leur ont substitué une inégalité de fait basée uniquement sur la propriété, ou plutôt sur le revenu, et qui constitue le caractère sinon le plus louable au moins le plus général de nos sociétés modernes. Riche ou pauvre, voilà désormais la première distinction sociale, celle qui explique toutes les autres, et à laquelle toutes les autres se rattachent, comme les effets à leur cause.

La fortune produit l'indépendance et le loisir; l'indépendance, qui est la cause de l'aptitude morale; le loisir, qui est la cause de l'aptitude intellectuelle. Les revenus du riche le

mettent en état d'agir en tout d'après ses convictions, plutôt que d'après les suggestions d'une
volonté étrangère, et ces mêmes revenus lui per-
mettent de développer ses facultés intellectuelles
et morales par l'étude.

Il ne sert à rien de se révolter contre ce fait,
de protester contre l'omnipotence du capital, et
de citer des exemples de pauvres indépendans
et instruits. Qu'il y ait des exceptions, certes,
bien loin de le nier, je ne me consolerais pas
qu'il n'y en eût point. Ne sont-ce pas ces belles
et honorables exceptions qui soutiennent notre
foi en l'homme, alors qu'elle faiblit, et qu'elle
est près de succomber sous les coups redoublés
de l'expérience journalière? L'éducation ne peut
se proposer un but plus élevé, plus digne de nos
efforts que celui de développer, dans toutes les
classes de la société, l'indépendance de caractère, en inspirant aux âmes des sentimens fiers,
des convictions énergiques, et le mépris des plai-
sirs sensuels. Mais le législateur ne peut établir
ses présomptions, et les règles dont elles sont
la base, que sur des faits généraux ; or, dans
l'état actuel de nos sociétés, on doit regarder
comme un fait général l'indépendance du riche
et la dépendance du pauvre, la capacité du riche
et l'incapacité du pauvre.

On objectera, sans doute, que les vrais intérêts d'une société ne sauraient être convenablement représentés par une législature dont le choix
appartiendrait à une fraction tout-à-fait minime de cette société, et qu'ainsi le rapport du
nombre des électeurs à la population totale
forme un élément essentiel de leur capacité collective.

Cette objection repose sur un principe incontestable dont les corollaires sont malheu-
reusement neutralisés, dans leur application,
par d'autres principes non moins incontes-
tables.

Notre organisme social suit, dans son développement, une certaine direction qui lui est imprimée par ses lois fondamentales ; direction
telle, aujourd'hui, que chacun de nos progrès
est signalé par un accroissement de l'inégalité
des conditions et de la concentration des capitaux. Cet accroissement, suivant pas à pas l'accumulation de la richesse mobilière qui constitue
notre principal moyen de civilisation, se con-
fond pour nous avec la civilisation elle-même.
La richesse mobilière, à mesure qu'elle s'accu-
mule, devient le partage toujours plus exclusif
de cette fraction de la société à laquelle les lois
ont attribué la disposition du capital, et dont les

intérêts se trouvent par-là identifiés et confondus avec ceux de la société entière.

La société entière profite de l'accumulation des richesses, puisqu'elle en devient plus forte physiquement et moralement; le pauvre lui-même, le prolétaire qui est réduit à vendre son travail, tire quelque avantage, au moins temporaire, de chaque addition un peu considérable faite à la masse des richesses sociales; il en tire aussi un profit durable, en tant qu'il participe aux bienfaits généraux de la civilisation. Mais il est évident que les hommes qui disposent du capital doivent être, de tous, les plus intéressés à l'accumulation de ce capital, puisqu'ils y trouvent un accroissement de leur propre puissance.

Le progrès dans cette direction, le progrès organisé, ne saurait donc être confié à de meilleures mains que les leurs. On peut, en toute sûreté, s'en rapporter à eux du soin de développer l'organisme sur ses bases actuelles et de marcher de conquêtes en conquêtes sur la route tracée.

Cependant il est possible d'imaginer, pour les sociétés humaines, une autre espèce de progrès, celui qui consisterait dans la réforme des organismes établis, dans une direction nouvelle imprimée à leur développement. La loi d'après laquelle se distribuent les richesses sociales pourrait subir d'importantes modifications dont l'effet serait, par exemple, d'appeler à la disposition du capital les classes qui en ont été exclues jusqu'à présent, et de leur assurer une participation directe aux avantages de l'accumulation. Le progrès dans ce sens, le progrès organisant, ne coïncidant plus avec l'intérêt des maîtres actuels du capital, on ne doit guères s'attendre à ce qu'ils y travaillent de leur plein gré, et, s'ils en deviennent les instrumens, ce ne pourra être que par l'effet d'une impulsion provenant des autres classes de la société.

Il est à désirer, sans contredit, que les institutions politiques tendent à faire sortir la société de l'ornière du progrès organisé, pour la faire entrer dans la voie du progrès organisant; mais comment leur imprimera-t-on cette tendance?

Les maîtres actuels du capital (1) sont tous

(1) La mobilisation de la propriété foncière ayant confondu les intérêts des propriétaires avec ceux des capitalistes, je comprends ces deux classes sous le nom de maîtres du capital. Tout propriétaire, en effet, peut être envisagé, aujourd'hui, comme maître d'un capital équivalent à la valeur vénale de son immeuble ; car il disposera de ce capital aussitôt qu'il voudra. Les très-grands propriétaires, ceux surtout dont la propriété date de loin, c'est-à-dire peut-être les quinze cents plus fort imposés en France, font seuls exception ; et si l'on voulait créer un sénat électif, ce serait parmi eux qu'il faudrait en chercher les élémens.

également intéressés au progrès organisé, par
conséquent tous disposés à l'obtenir; en supposant donc que cette espèce de progrès dût être
le seul but des institutions politiques, ils auraient
tous l'aptitude morale nécessaire pour remplir
les fonctions de législateurs et pour exercer les
droits électoraux. Il ne s'agirait plus que de
choisir parmi eux les plus intelligens, c'est-à-dire
les plus riches.

Dans cette hypothèse, le nombre de ceux qui
exerceraient les droits électoraux deviendrait une
circonstance à peu près indifférente. Si vous avez,
par exemple, cent mille électeurs parfaitement
capables, vous n'améliorerez pas votre élection
en doublant ou en quadruplant ce nombre, et
vous risquez de la rendre plus mauvaise, parce
que l'aptitude intellectuelle ira en diminuant.
Sur deux cent mille électeurs, vous en aurez
peut-être cinquante mille d'incapables; sur quatre cent mille, les incapables pourront former la
majorité.

Si, au contraire, le résultat de l'élection doit
être favorable au progrès organisant, il faut nécessairement sortir de la classe des maîtres actuels
du capital et entrer bien avant dans celle des prolétaires. Alors, plus de cens électoral possible, plus
de garanties d'aptitude intellectuelle, plus de

choix faits avec réflexion et discernement. L'é-
lection deviendra une lutte à outrance entre des
masses d'électeurs incapables, enrôlées sous les
bannières des partis extrêmes ; elle sera ce que
nous la voyons être en Angleterre, et pis encore.
Non seulement le résultat qu'il s'agissait d'obtenir sera manqué, mais le gouvernement du pays
sera confié à des mains inhabiles, ses vrais intérêts seront méconnus, l'avenir de ses institutions compromis.

Ainsi, d'un côté, les intérêts du progrès organisant ne seraient servis ni par l'addition d'un
nombre quelconque de propriétaires aux deux
cent mille électeurs de la loi actuelle, ni par une
réforme dont l'effet serait d'appeler à l'élection
les vrais représentans de ces intérêts; tandis que,
d'un autre côté, on altérerait infailliblement, par
l'emploi de tels moyens, la composition de la
Chambre élective, et on la rendrait impropre à
remplir la haute et difficile mission qui lui est
confiée.

Exclure de la représentation les intérêts les plus
généraux, ou vicier l'élection au préjudice de
tous les intérêts, voilà le dilemme où se trouvent
comme emprisonnées les questions de réforme
électorale, tant qu'on se borne à chercher dans
l'élection une garantie antérieure, un moyen de

nommer les fonctionnaires législatifs. Je montrerai, dans les chapitres suivans, comment il est possible d'échapper à ce dilemme, et d'obtenir la représentation de tous les intérêts sans rien compromettre.

Ce que je viens de dire me paraît suffisant pour justifier les principes dirigeans de la loi électorale, et l'application qui en a été faite dans l'établissement du cens de 200 francs. Au reste, j'examine seulement ici ce qui est dans la loi, réservant pour une discussion ultérieure ce qui n'y est pas et qui devrait y être.

CHAPITRE VIII.

Des résultats effectifs de la loi électorale.

Qu'on veuille bien, maintenant, examiner avec moi, d'un œil impartial, les résultats qu'a produits la loi du 19 avril 1831, depuis sa promulgation, et l'on reconnaîtra qu'elle n'a point manqué entièrement son but.

Les capacités gouvernementales du pays ne sont-elles pas entrées dans la Chambre? Les partis extrêmes n'y ont-ils pas été en minorité? La majorité ne s'est-elle pas montrée, en général, indisciplinable, insaisissable, hostile aux tendances absolues, favorable aux vues modératrices et conciliantes?

Cela est si vrai qu'on a fait, jusqu'à present, de vains effors pour définir et formuler clairement les opinions des diverses fractions du centre. On comprend fort bien ce que veulent les républicains et les légitimistes, un peu moins bien ce que demandent l'extrême gauche et l'extrême droite; mais personne ne serait en état de dire ce que demandent les centres, quelles sont leurs tendances collectives, ce qu'il y a de commun dans les opinions individuelles de leurs membres.

Voyez en Angleterre! Sur chacune des questions qui intéressent le pays d'une manière un peu générale, on sait quelle sera l'opinion du tory, du wigh, du radical; et les ministres, qui connaissent les forces relatives de ces divers partis dans la Chambre, peuvent calculer d'avance, à quelques voix près, le chiffre de la majorité. C'est que la Chambre des Communes appartient en entier aux partis. On n'y trouve point cet élément neutre, pratique, gouvernemental, qui forme le noyau de la législature française. Le ministère lui-même, issu de l'un des partis, doit lui rester fidèle, sous peine de perdre la majorité, et avec elle le pouvoir.

En France, la vie politique présente des phénomènes tout différens. Il y a dans la Chambre des Députés une masse flottante de suffrages dont aucun parti ne dispose, et dont le gouvernement disposera toujours quand il dirigera les affaires du pays avec talent et conscience. Cet élément neutre se compose d'hommes qui n'ont point engagé leur opinion d'avance et qui sont animés de tendances gouvernementales plutôt

que de tendances doctrinales. Ce sont les éclec-
tiques de la Chambre.

Je sais qu'on explique ce phénomène par la
corruption ; mais, en admettant même que la
corruption fût aussi généralement efficace qu'on
le suppose, j'en tirerais un argument de plus à
l'appui de ce que je viens de dire.

En Angleterre, la corruption, dans le sens du
gouvernement, s'exerce moins par le ministère
que par le parti entier auquel le ministère appartient ; elle s'exerce sur les électeurs plus que
sur les élus ; elle a pour but, moins de changer
la majorité existante que d'amener dans le parlement les hommes du parti qui a le pouvoir. En
France, la corruption émane du gouvernement
seul ; elle s'exerce principalement sur les élus ;
elle a pour but de former, après coup, une majorité ministérielle.

Cette différence dans les modes d'action d'une
même cause provient de la différence essentielle
que je viens de signaler dans les sujets sur lesquels agit cette cause. La corruption a moins de
prise sur les hommes de partis dont se compose
la majorité des Communes que sur l'élément
neutre qui constitue celle de la Chambre française. Les hommes des centres, par cela même
qu'ils sont neutres, se montrent plus accessibles

aux influences de toute espèce; car, la neutralité
n'est pas l'indépendance, elle n'est pas même un
gage d'indépendance. Mais, s'il existait un moyen
d'obvier à la corruption ministérielle ou d'en
paralyser l'action par des influences exercées
dans le sens des intérêts généraux du pays, l'é-
lément neutre de la Chambre des Députés pourrait garder sa position, se maintenir dans son
éclectisme, et remplir avec succès le rôle de régulateur auquel il est appelé dans la législature.

La corruption, qui change l'élément neutre en
majorité ministérielle, étant étrangère aux électeurs, ne peut servir de fondement à un reproche
contre la loi électorale, considérée simplement
comme mode de nomination des Députés. Quand
les électeurs ont envoyé à la Chambre une majorité convenablement prédisposée, ils ont accompli
leur tâche, et prouvé qu'ils en comprenaient
l'importance. Or, comme on peut rendre ce té-
moignage en toute conscience aux électeurs actuels, j'en conclus que les principes dirigeans
de la loi électorale, en particulier ceux de la capacité et de la propriété, sont des principes très-
vivans dans la société française. Le but de l'élection est généralement compris et généralement
atteint. La loi électorale n'est pas une lettre
morte, dont l'observation ne se réalise que par

de vaines formalités, mais une institution vivante, dont l'esprit se fait apercevoir jusque dans la pratique et se manifeste dans les résultats généraux de l'institution.

CHAPITRE IX.

Du cens d'éligibilité.

Si les conclusions auxquelles je suis arrivé dans le précédent chapitre sont vraies , je pense qu'on doit attacher peu d'importance aux dispositions accessoires dont le but est de garantir, contre la possibilité de mauvais choix, les électeurs appelés en vertu du cens.

Et d'abord, le cens d'éligibilité , tel qu'il est fixé par la loi actuelle , ne saurait fonder une présomption complète de capacité législative ; car ce n'est pas dans un revenu de quatre ou cinq mille francs , ou de dix mille, ou de quinze mille , qu'on peut raisonnablement chercher la garantie de ce haut degré d'intelligence dont les Députés ont besoin pour accomplir leur mission. Si donc le système électoral péchait par la base, le cens d'éligibilité ne le rendrait pas meilleur ; si , au contraire, la base est bonne , si les électeurs sont doués de la capacité requise et animés collectivement de l'esprit qui a dirigé le législateur lui-même, le cens d'éligibilité devient superflu.

Mais, les lois qui répondent aux besoins d'un peuple, et dont la tendance est bien comprise de ceux qui les mettent en action, sont douées d'une force végétative qui en assure l'efficacité, en dépit des vices partiels dont elles sont entachées. Elles se débarrassent peu à peu de ce qui entrave leur exécution. Les superfétations inutiles dont on les a chargées deviennent, dans la pratique, de pures formes, qui gènent et ralentissent l'application des dispositions principales, sans pouvoir l'empêcher, sans exercer une influence décisive sur les résultats de cette application.

C'est ce qui est arrivé à l'égard du cens d'éligibilité. La facilité avec laquelle on élude cette restriction fournit un argument, et un puissant argument de plus à l'appui des principes dirigeans de la loi électorale, et en faveur de la manière dont ils ont été appliqués. Du jour où la restriction cessera d'être éludée, du jour où le cens de cinq cents francs deviendra une condition réelle d'éligibilité, on pourra dire que la loi tombe en désuétude, et que ses principes ont cessé de vivre; de ce jour-là aussi l'insuffisance du cens établi se fera sentir, et il faudra reprendre sous œuvre tout l'ensemble du système.

CHAPITRE X.

De la décentralisation de l'élection.

Une autre disposition dont le but est, au moins en partie, le même que celui du cens d'éligibilité, c'est la décentralisation de l'élection, la division du corps électoral en colléges d'arrondissemens. Cette disposition-là n'est point éludée, et ne pouvait guéres l'être, parce qu'elle a un second but qu'elle atteint à merveille, celui de faciliter matériellement, pour chaque électeur, l'accomplissement des devoirs qui lui sont imposés.

Les intérêts généraux auxquels doit pourvoir la législature sont ceux de toute la France, et c'est comme représentans du peuple entier que les membres de la Chambre élective doivent se considérer. En effet, la plupart des questions qu'ils ont à décider sont des questions de politique intérieure ou extérieure, et de législation constitutionnelle, civile, pénale ou financière, dont la solution intéresse tous les citoyens, comme citoyens de la France, et non comme habitans de tel département ou de tel arrondissement. Le système de représentation le plus normal et le plus vrai serait donc celui dans lequel tous les électeurs concourraient à l'élection de tous les Députés, et dans lequel, par conséquent, chaque Député aurait été choisi par la majorité du nombre total des électeurs. L'impossibilité matérielle d'un pareil système étant palpable, il devient absolument nécessaire de décentraliser l'élection.

Cette décentralisation serait d'ailleurs nécessaire sous un autre point de vue. L'opération intellectuelle qu'on exige de chaque électeur se compose de deux parties distinctes : appréciation de ses véritables intérêts, appréciation des aptitudes de ceux qu'il peut élire. Or la difficulté de cette dernière appréciation croît en raison directe du nombre des personnes à élire; par conséquent, le nombre des électeurs capables doit augmenter ou diminuer en raison inverse de celui des Députés que chacun d'eux est appelé à nommer.

C'est notre position dans le monde, et le degré de développement intellectuel dont elle est la cause ou l'effet, qui déterminent, en thèse générale, le nombre et l'espèce de nos relations sociales. S'il existe, en France, deux cent mille électeurs capables d'apprécier l'idiosyncrasie de quatre ou cinq éligibles, et d'en choisir un pour Député en pleine connaissance de cause, il n'en existerait peut-être pas vingt mille qui pussent choisir de cette manière dix Députés, et pas deux mille qui pussent en choisir cent. La capacité électorale devient donc plus rare à mesure que l'élection est plus centralisée.

D'un autre côté, il n'est pas moins évident que, plus on décentralise l'élection, plus on court le risque de fausser la représentation, et de s'éloigner des conditions normales du gouvernement représentatif. C'est là un vice inhérent à la pratique de cette forme de gouvernement, un vice qui devient d'autant plus saillant, et plus inévitable, que le territoire de l'état est plus étendu, sa population plus considérable.

L'opinion est influencée à cet égard, en France, par une considération bien peu fondée, quoique spécieuse, savoir : que, les diverses fractions du territoire n'étant pas pourvues d'administrations locales indépendantes, c'est à la législature qu'il appartient de pourvoir à leurs intérêts ; que, dès-lors, ces fractions doivent être, autant que possible, distinctement représentées dans la Chambre.

Si le système électoral était réellement pratiqué dans ce sens, il amènerait un résultat bizarre : les départemens enverraient à Paris des hommes animés de l'esprit de localité, pour décider les questions d'intérêt général , tandis que le gouvernement central enverrait aux départemens des fonctionnaires étrangers à l'esprit de localité, pour administrer les intérêts locaux.

Mais cette prétendue représentation des intérêts locaux dans la Chambre élective n'est qu'une chimère. Comment quatre ou cinq Députés feraient-ils les affaires de leur département dans une assemblée de quatre cent cinquante-neuf membres ? C'est le gouvernement, non la législature, qui pourvoit aux intérêts locaux des diverses fractions du territoire. Si la Chambre est quelquefois consultée à cet égard, ce n'est que pour la forme, et afin que la lettre d'une disposition de la Charte ne soit pas violée.

J'avoue que les données me manquent pour décider jusqu'à quel point les électeurs actuels seraient incapables d'élire avec connaissance de cause les Députés de tout un département, et pour apprécier les difficultés matérielles qui s'opposeraient à leur réunion en colléges de départemens. Je ne puis croire, cependant, que ces difficultés ou cette incapacité soient de nature

à justifier la décentralisation aujourd'hui établie. Entre les colléges de départemens et ceux
d'arrondissemens il existe des termes moyens,
et je n'hésite pas à regarder comme tout-à-fait
possible et convenable un degré de centralisation
qui appellerait chaque collége à nommer au moins
deux Députés.

CHAPITRE XI.

De la loi électorale considérée comme garantie postérieure, c'est-à-dire comme procurant une manifestation légale de l'opinion publique. Vue générale du sujet.

Avec des électeurs parfaitement capables et un mode d'élection bien combiné, on obtient une législature intellectuellement apte à l'exercice de ses fonctions, et composée de telle manière que les intérêts particuliers de ses membres, pris collectivement, se confondent avec les intérêts généraux de la société. Les colléges électoraux, ayant accompli leur mission, se dissolvent; les électeurs rentrent dans la foule, et attendent avec confiance l'œuvre de leurs mandataires. Cependant la position de ceux-ci est bien changée! Les voilà revêtus d'un pouvoir immense, arbitres des destinées de leur pays, appelés à énoncer des volontés qui deviendront la loi d'un grand peuple; exposés, par conséquent, à toutes les tentations que le maniement d'un tel pouvoir est fait pour exciter. Dans cette

position entièrement nouvelle, leur aptitude morale restera-t-elle intacte? Leur intérêt conti-
nuera-t-il de se confondre avec celui de la société?
C'est ce que les électeurs n'ont pu savoir d'a-
vance. Ils n'ont pu apprécier que l'intérêt normal de chaque Député, c'est-à-dire son intérêt
comme citoyen, comme membre de la commu-
nauté; non l'intérêt anormal que pourrait créer
plus tard chez lui la corruption, ni le degré de
résistance qu'il opposerait à des séductions auxquelles il se verrait en butte pour la première
fois.

Qu'une telle corruption soit tentée, que de
telles séductions s'exercent, et s'exercent avec
succès, nul ne l'ignore, et il faudrait pour s'en
étonner avoir oublié que la France est un pays
où la monarchie s'appuie sur des habitudes et
des instincts nationaux; un pays où grâces à la
centralisation administrative le gouvernement
dispose d'un patronage immense, où la chambre
élective est le seul corps constitutionnel dont
l'indépendance et le contrôle puissent mettre
obstacle aux empiétemens du pouvoir exécutif,
paralyser les mauvaises tendances du gouvernement et empêcher les actes arbitraires de toute
espèce.

Je reconnais que le mot corruption est un peu

brutal, appliqué aux influences dont il s'agit, quoiqu'il soit consacré par la langue constitutionnelle des peuples modernes. Celui de captation serait sans contredit plus convenable pour désigner des actes d'entraînement et de faiblesse qu'une demi-conviction accompagne presque toujours, et qui se concilient d'ailleurs si souvent avec un caractère privé parfaitement honorable.

Quoi qu'il en soit, cette corruption, cette substitution d'un intérêt anormal aux intérêts normaux qui formaient l'aptitude morale du Député ne peut être prévenue que par des garanties postérieures, et la meilleure de ces garanties c'est la responsabilité. Or, le législateur ne peut, à raison de ses actes individuels, c'est-à-dire de ses discours et de ses votes, être soumis à aucune responsabilité légale ; car tout ce qu'on lui demande c'est d'agir d'après ses convictions intimes, et ces convictions, étant un fait purement psychologique, ne sauraient être constatées judiciairement. Reste donc la responsabilité morale résultant des jugemens de l'opinion publique. Les jugemens de l'opinion se manifestent sous des formes très-diverses, qui constituent autant de modes d'application de la responsabilité morale. Je n'ai à m'occuper ici que de la responsabilité qui s'applique par l'organe des électeurs.

L'utilité, ou plutôt la nécessité absolue d'une telle garantie serait suffisamment démontrée par ce qui a été dit plus haut sur l'importance du rôle assigné à la Chambre élective. Mais cette nécessité devient encore plus évidente lorsqu'on étudie l'influence directe des faits généraux que j'ai signalés sur l'aptitude morale des membres de la législature, lorsqu'on songe aux séductions de cette cour si opulente et si polie, à l'ascendant qu'exerce inévitablement la société de Paris sur quiconque s'en approche et aspire à ses suffrages, à cette longue durée, enfin, des sessions législatives et des fonctions du Député qui donne si amplement aux motifs séducteurs le temps d'agir et de neutraliser les meilleures dispositions, les intentions les plus louables.

Cependant la loi électorale semble avoir été faite dans une ignorance complète de ce péril et des moyens qu'elle pouvait employer pour le prévenir. Aucune de ses dispositions ne tend à pareille fin, et il en est plusieurs qui agissent à fin contraire. Aussi, le défaut d'aptitude morale est-il le reproche le plus grave et le mieux fondé qu'on ait fait de tout temps à la Chambre élective. Ce reproche atteint, non seulement un certain nombre de membres qui se laissent individuellement capter par les faveurs du ministère ou de la cour (ceux-là sont moins nombreux qu'on ne serait tenté de le craindre) , mais la Chambre en masse qui perd, sous la pression de l'atmosphère parisienne, le caractère que lui avait imprimé l'élection, qui cède presque sans le savoir à l'influence des coteries, et se fait l'instrument passif , parfois même actif, des ambitions personnelles de quelques notabilités saillantes. Plus on étudie les débats et l'histoire de chaque session, plus on sent l'absence d'un lien permanent qui rattache le pays entier à ses représentans et qui empêche ceux-ci de se détremper au contact des élémens corrupteurs au milieu desquels ils sont plongés. L'esprit de la véritable majorité nationale abandonne les élus dès qu'ils ont siégé sur les bancs de la Chambre; il ne leur sert ni de contrôle ni d'appui, et c'est pour être trop indépendante des gouvernés que la Chambre ne l'est pas assez de ceux qui gouvernent.

Ce mal, en tant qu'il résulte de la loi électorale , a pour principales causes , 1° le petit nombre des personnes qui prennent part à l'élection ; 2° le mode même de cette élection ; 3° le petit nombre des éligibles; 4° l'éligibilité des fonctionnaires.

CHAPITRE XII.

*Du petit nombre des personnes qui prennent part
à l'élection.*

Les représentans de trente-trois millions d'â-
mes, les hommes qui ont à décider les plus hautes
questions de la politique française, et dont le
vote exerce par conséquent une puissante influence sur les destinées de l'Europe et sur l'a-
venir de toutes nos sociétés, ces hommes sont
élus par quatre cent cinquante-neuf colléges
électoraux, assemblés la plupart dans de petites
villes de province, et composés en moyenne de
quatre cents électeurs. L'expression toute nue
de ce fait me frappe et m'inspire une vague inquiétude. Mais ce n'est là qu'une impression dont
la force logique est absolument nulle, jusqu'à ce
qu'une analyse sévère l'ait justifiée aux yeux de
la raison.

Qui sont les électeurs chargés d'un choix aussi
important? Des hommes intelligens, accessibles
à des convictions raisonnées, et placés de telle
manière dans la société, que toute manifestation

un peu forte et générale de l'opinion publique
doit nécessairement les atteindre et les entraîner.
Or, l'opinion publique, telle que je la vois naître
parmi les classes d'élite, et se propager de proche en proche parmi les masses, est une opinion
éclairée dont les tendances m'inspirent une pleine
sécurité. Si donc il existe un lien permanent et
nécessaire entre cette opinion et les colléges
électoraux, si une manifestation forte et générale
de cette opinion précède et accompagne inévitablement les opérations de ces colléges, me voilà
rassuré, sinon sur le résultat définitif de l'élection,
au moins sur l'esprit qui animera les électeurs.
Si, au contraire, j'ai lieu de penser que les opérations des colléges électoraux sont en grande
partie soustraites à l'action de l'opinion publique; si la loi électorale tend à isoler ces colléges;
si, en un mot, les électeurs sont les seules personnes qui prennent part à l'élection, j'avoue que
leur capacité individuelle ne me paraît point du
tout une garantie suffisante de l'esprit qui les
animera collectivement, et que le résultat de
leurs opérations, en tant qu'il dépendra de leur
volonté, m'inspire certaines inquiétudes.

Je ne parle pas des influences locales exercées
par les grands propriétaires et par les hauts
fonctionnaires publics; je suppose l'électeur au

dessus de tout cela ; je suppose ses premiers choix excellens, et je me demande seulement s'il sera un organe convenable pour l'application de la responsabilité morale ; si, appelé à se prononcer de nouveau sur ses représentans, il saura juger la conduite de ceux-ci et les récompenser par la réélection, ou les punir par l'exclusion, selon leurs vrais mérites ; si, enfin, pendant la durée de leurs fonctions, il exercera sur eux ce contrôle et cet ascendant qu'il a le droit et le pouvoir d'exercer.

A ces questions je crains bien qu'il n'y ait lieu de répondre négativement.

Les électeurs, en effet, s'ils sont des hommes intelligens, capables d'une élection, sont loin d'être en majorité des hommes éclairés, en état de se former par eux-mêmes une opinion juste sur les questions de politique et de législation. Je n'ai pas besoin de faire sentir combien ces deux capacités diffèrent l'une de l'autre : il arrive tous les jours, dans le cours ordinaire de la vie, qu'on choisit très-sagement et avec un discernement exquis les personnes les plus aptes à l'exercice d'une fonction ou à l'accomplissement d'une tâche qu'on serait soi-même incapable d'exercer ou d'accomplir. D'ailleurs, pour que l'électeur pût apprécier l'œuvre de ses représentans, il faudrait qu'il les suivît de près dans l'exercice de leurs fonctions, qu'il se tînt au courant des travaux de la Chambre et des actes de gouvernement. Or, le temps lui manque pour cela ; car il est occupé avant tout, et on ne saurait lui en faire un reproche, de la poursuite de ses intérêts matériels. Il appartient à la classe la plus active de la population, à celle sur laquelle le désir de faire fortune agit le plus puissamment. Et remarquez bien que, pour être en état de comprendre et de lire avec fruit les journaux de la capitale, il lui faudrait de longues études ; car leur langage est plein d'énigmes dont il n'a point la clef ; tous les intérêts du pays s'y traduisent en formules et en qualifications de partis qui doivent être inintelligibles pour sa capacité départementale.

N'oublions pas enfin qu'il s'agit d'un État fortement centralisé, dont toute la vie politique se concentre ordinairement sur un seul point, et ne se répand sur le reste du territoire que dans les momens de crise, lorsque de grands événemens extérieurs ou intérieurs secouent violemment les esprits.

Ainsi donc, tout en regardant l'électeur actuel comme très-capable d'apprécier l'aptitude de ses représentans d'après leur conduite privée, d'après leurs actes de simples citoyens et d'hommes voués à la vie active, je ne puis le croire propre, en thèse générale, à juger sainement par lui-même leurs actes de législateurs et d'hommes politiques. Précisément parce qu'il échappe à l'influence des partis extrêmes, et qu'il vit en dehors de la sphère où ces partis se combattent, je le crois mal placé pour apprécier leurs tendances et pour suivre ses représentans au milieu d'une pareille lutte.

Maintenant, n'est-il pas évident que la loi électorale a fait tout ce qu'il fallait pour isoler les électeurs et pour soustraire leurs opérations à l'influence de l'opinion publique? Le nombre de ceux qui composent un collége ne doit pas être au dessous de cent cinquante, et il est à peu près de quatre cents en moyenne; mais le nombre des votans, le nombre de ceux qui exercent réellement le droit électoral, est bien inférieur à ces chiffres et le sera d'autant plus que l'isolement sera plus complet. Le petit nombre des ayant-droit tend à produire l'isolement, et l'isolement tend à diminuer le nombre des votans.

Si, au moins, de tels colléges étaient rassemblés dans les chefs-lieux de département, dans les centres d'activité industrielle ou commerciale, ils y recevraient quelque impulsion de l'opinion publique; relégués comme ils le sont dans les chefs-lieux d'arrondissement, dans de petites villes, privés de tout mouvement intellectuel ou industriel, ils ne sauraient y puiser la vie qui leur manque, y entrer en contact avec l'opinion qui devrait les diriger. La seule influence qui puisse avoir quelque prise sur eux sera celle des grands propriétaires, des grands chefs d'industrie, des hauts fonctionnaires, et cette influence s'exercera le plus souvent au profit d'intérêts qui sont loin de se confondre avec les intérêts généraux du pays.

Quand je désire que les élections soient dirigées par l'opinion, je parle de l'opinion publique et non de l'esprit de parti; autrement je me trouverais en contradiction manifeste avec ce que j'ai dit plus haut.

Qu'on ne s'y trompe pas; l'opinion publique est tout autre chose que celle des partis, quoiqu'elle soit souvent exploitée et dirigée par eux. L'opinion publique émane des hommes éclairés, influens, qui composent l'élite de la nation; mais, pour atteindre et soulever les masses, pour acquérir de la puissance, en un mot, pour revêtir le caractère d'opinion publique, il faut qu'elle satisfasse et concilie une grande masse d'intérêts. Si elle émane des partis extrêmes,

elle pourra se formuler d'une manière absurde
et irrationnelle, mais derrière la formule se ca-
cheront des intérêts véritables, des intérêts généraux qui en feront la principale force. Le peuple, qui répète la formule sans la comprendre,
ne demande réellement que la satisfaction de ces
intérêts généraux. Une fois cette satisfaction ob-
tenue, si les partis vont plus loin, s'ils aspirent
à la réalisation complète et rigoureuse de la formule, le peuple les abandonne et rentre dans ses
ornières habituelles. Les gouvernemens qui com-
prendraient cette théorie et qui sauraient en
temps opportun obéir aux manifestations de l'o-
pinion publique, posséderaient le secret d'é-
chapper à toutes les révolutions.

L'opinion publique se propage et se développe
en proportion de la résistance qu'elle rencontre,
de l'urgence et de la généralité des intérêts qu'elle
représente. Dans l'état normal, cependant, elle
ne se manifeste guère en dehors des foyers où
elle naît, c'est-à-dire des grandes villes où les
sommités intellectuelles du pays sont rassem-
blées. S'agit-il d'un pays fortement centralisé ?
le mouvement se concentrera dans le cœur, et
il faudra tout le tact et toute l'expérience d'un
homme d'État pour reconnaître les battemens du
pouls aux extrémités.

Supposez, au contraire, le pays agité par quelque grave événement, ou le peuple arraché à ses affaires et à ses habitudes par l'exercice de quelque droit politique, alors l'opinion rayonne de chaque foyer, elle se répand peu à peu, et atteint successivement les diverses couches de la société. C'est la matière colorante délayée dans un liquide : elle se dépose au fond, et laisse au liquide sa transparence presque entière tant qu'on ne lui imprime aucun mouvement; remuez le vase, et en peu de temps la masse entière sera colorée.

En France, les élections, même générales, n'agitent pas ordinairement la masse entière du peuple. Sur ce grand territoire, réduit par la centralisation à n'être que la banlieue de sa capitale, il faut qu'un ébranlement soit bien fort pour atteindre les chefs-lieux d'arrondissement, et pour se faire sentir dans les colléges électoraux, malgré les efforts de tant de milliers de fonctionnaires, occupés uniquement à le calmer, et à l'empêcher de se propager. Les opérations électorales ont le temps d'être terminées avant que l'impulsion se soit communiquée jusqu'aux électeurs.

Si je voulais prouver ce que j'avance par des faits, la question deviendrait tellement personnelle et irritante que je ne convaincrais plus personne. Je me borne à faire une seule question : n'est-il pas vrai que les Députés de Paris, de Lyon, de Bordeaux, de Marseille, mettent., en général, de l'activité, de la tenue, de la suite dans l'exercice de leurs fonctions ? Ne s'aperçoit-on pas, à leur conduite prononcée, à la permanence de leurs opinions, à la persévérance de leurs efforts, qu'ils se sentent à la fois contrôlés et appuyés par les électeurs auxquels ils doivent leur nomination ?

Cette question, je l'adresse au lecteur, en avouant de bonne foi l'impossibilité où je me trouve d'y répondre moi-même. A l'exception de quelques noms bien saillans que tout le monde a retenus, la statistique électorale et la biographie parlementaire de la France me sont peu familières. *Cuique suum.* Un citoyen de la république aux vingt-deux têtes a bien d'autres invidualités à observer et à suivre. Toutefois si le fait n'est pas tel que je le suppose, on ne doit point se hâter d'en conclure que j'aie mal raisonné ; car le petit nombre des électeurs n'est qu'une des causes de leur isolement, et leur isolement lui-même n'est qu'une des circonstances qui contribuent à rendre inefficace la responsabilité morale. Les grandes villes peuvent échapper à l'action de cette cause partielle, sans être soustraites à l'influence des autres causes qui agissent dans le même sens.

CHAPITRE XIII.

De l'élection indirecte.

Le système électoral est tel que les électeurs sont en fort petit nombre dans la plupart des colléges, et prennent cependant seuls une part active à l'élection. Ne pourrait-on pas remédier à cet isolement, et aux conséquences fâcheuses qui en résultent, en établissant un système d'élections indirectes, au moyen duquel la masse du peuple, étant d'abord appelée à choisir les électeurs, jouerait nécessairement un rôle dans les opérations électorales, sans risquer d'en compromettre le résultat?

Je ne pose cette question que pour mémoire, car je puis à peine m'imaginer qu'elle soit sérieusement débattue en France. L'élection indirecte a contre elle la théorie et l'expérience, le raisonnement et les faits.

Si vous chargez les classes inintelligentes et corruptibles de nommer les membres des colléges électoraux, pourquoi ne pas leur confier la nomination directe des Députés? L'une de ces opérations n'est ni plus ni moins difficile que l'autre.

Prétendez-vous que la première nomination ne déterminera point le résultat de la seconde; introduirez-vous à cet effet des conditions sévères d'éligibilité? Alors ces élections d'électeurs ne présenteront aucun intérêt, personne n'y viendra; votre but sera manqué.

Le problème à résoudre est celui-ci : intéresser les masses aux élections sans leur confier le soin de les faire. Sous le régime de l'élection indirecte, il arrivera de deux choses l'une : ou les masses demeureront complétement indifférentes à l'élection, ou bien elles se trouveront en fait maîtresses du résultat. Dans aucun cas le problème proposé ne sera résolu. L'opinion publique ne saurait donner à des hommes ignorans ou nécessiteux la capacité électorale qui leur manque. Elle peut, sans les rendre moins nécessiteux ni moins ignorans, se fortifier de leur appui, acquérir par leur moyen une puissance qu'elle n'aurait pas sans eux; mais l'impulsion qu'elle en recevra doit, pour amener de bons résultats, se communiquer en définitive à des êtres intelligens, capables de juger avec connaissance de cause et de choisir avec discernement.

L'action de l'opinion publique est impulsive

plutôt que dirigeante; il lui faut des organes judicieux et pensans. Elle joue, dans la vie sociale, le même rôle que les passions dans la vie individuelle. Les passions augmentent, stimulent, aiguisent toutes nos facultés intellectuelles, oui; mais si ces facultés nous manquent, ou si une raison éclairée ne dirige pas l'impulsion qu'elles reçoivent, où serons-nous conduits par ces tendances aveugles dont aucun obstacle n'arrêtera le développement?

CHAPITRE XIV.

De l'adjonction des capacités.

Les hommes qui exercent des professions lettrées et qui forment, sans contredit, la classe la plus éclairée du pays, sont admis à l'exercice des droits politiques sous les mêmes conditions que les autres citoyens. Ils peuvent donc se trouver, et se trouveront en effet souvent, exclus de toute participation à l'exercice de ces droits. On ne peut guère douter cependant que leur coopération ne fût très-utile, soit pour accroître l'intelligence collective de chaque collége électoral, soit pour rattacher les opérations électorales à l'opinion publique dont ils sont les organes les plus éminens. Aussi, l'adjonction des capacités, pour me servir de l'expression technique adoptée aujourd'hui, a-t-elle formé dès long-temps une des demandes principales de l'opposition démocratique. Le motif qui l'a constamment fait repousser, sauf la demi-exception contenue dans l'article 3 de la loi électorale du 19 avril 1831, était tiré de ce que la propriété offre seule une garantie suffisante de la capacité morale des électeurs, c'est-à-dire de la conformité de leurs intérêts avec les intérêts généraux du pays. Or, ce motif repose évidemment sur une erreur de fait, dans laquelle on ne tomberait pas si les principes de l'économie politique étaient plus généralement connus.

La capacité acquise, nécessaire pour exercer une profession lettrée, constitue un capital, une propriété, qui est le résultat d'avances précédemment faites, et qui rapporte ou peut rapporter un profit comme tout autre capital. Où est la raison de traiter ce genre de propriété moins favorablement que les autres?

En fait, la loi n'apprécie-t-elle pas certains revenus d'après la consommation? n'admet-elle pas comme électeurs ceux qui paient le cens électoral sous la forme d'impôt des portes et fenêtres, lors même qu'ils le paient en qualité de locataires? Ces locataires pourraient cependant n'être que des artistes, des médecins ou des avocats, qui n'auraient ni terres ni maisons en propriété. Ainsi, la loi reconnaît implicitement le capital intellectuel comme garantie de capacité électorale; cependant, par une bizarre inconséquence, elle ne l'apprécie que d'après la consommation qu'on en fait, tandis qu'elle cumule, pour apprécier les autres genres de propriété, le cens du fonds avec celui du revenu, l'impôt qui atteint directement l'immeuble ou le capital avec celui qui n'atteint que la consommation. Mais je le demande, entre un propriétaire, un capitaliste et un homme lettré, qui se trouvent avoir des revenus parfaitement égaux, quel est celui chez lequel nous devons présumer le plus haut degré de développement intellectuel ?

Dira-t-on que la propriété intellectuelle n'offre aucune garantie d'attachement au pays et à l'ordre légal? Autre erreur. Il y a peu de citoyens dont la fortune et le bien-être soient aussi intimément liés à la prospërité de leur pays et au maintien de l'ordre que ceux des hommes exerçant les professions lettrées. Leur fonds a une valeur le plus souvent toute locale; c'est un capital dont l'exploitation n'est avantageuse que dans le pays, une richesse dont la jouissance n'est possible qué sur le lieu même où elle s'est produite, et sous le régime établi dans ce lieu.

Je fais abstraction des monopoles en vertu desquels certaines professions lettrées sont devenues un objet de trafic; énorme abus dont la réforme ne se fera peut-être pas long-temps attendre. Je suppose ces professions aussi libres qu'elles peuvent raisonnablement le devenir, et je prie le lecteur de les prendre l'une après l'autre en se demandant à quelles conditions l'exercice en est à la fois licite et lucratif.

S'agit-il d'abord des hommes de loi ? sans doute, la science du jurisconsulte est d'une utilité générale ; mais ce n'est pas la science du théoricien qui fait vivre, c'est l'art du praticien. C'est comme avocat ou notaire que le jurisconsulte appartient à la classe des professions lettrées, c'est comme avocat ou notaire qu'il trouve dans la science une source de revenus, et qu'il peut mettre en valeur son capital intellectuel. Or, son habileté dans cette carrière consiste, en grande partie, à connaître et à savoir appliquer un grand nombre de lois relatives à la forme des actes civils et au mode de poursuite des droits ; lois purement locales, qui varient tellement d'un pays à l'autre que la connaissance la plus parfaite d'un système ne sert presque pas d'acheminement à celle des autres. Ainsi, le plus habile notaire, l'avocat le plus distingué, ne le sont que sous la condition d'exercer leur profession dans le pays où ils ont fait leurs études et leur stage. Partout ailleurs, ils ne sont que des jurisconsultes, et souvent de fort médiocres jurisconsultes, que leur science ne tirerait ni de l'obscurité ni de la misère.

Quant à l'instituteur et au médecin, quoique

moins liés par les formes, ils ont besoin, aussi
bien que l'homme de loi, de connaître la langue
du lieu où ils exercent leur art. D'ailleurs, presque partout l'exercice de ces professions est in-
terdit aux étrangers, ou à ceux qui n'ont pas fait
leurs études et leur stage dans le pays même. Le
Français négociant, artisan ou artiste, peut
s'établir en tous lieux pour exercer son industrie,
et il trouve presque en tous lieux le même avantage à l'exercer. Le Français homme lettré ne
peut exercer la sienne que chez lui, et ne saurait
tirer aucun avantage de la liberté qu'on lui ac-
corderait de l'exercer ailleurs.

Qu'on reprochât donc à des industriels ou à
des commerçans leur cosmopolitisme, leur peu
d'attachement pour le sol et les institutions de
leur pays natal, je le concevrais, mais je ne
conçois pas un tel reproche adressé aux hommes
des professions lettrées. Le cosmopolitisme chez
cette classe de citoyens supposerait de leur part
un désintéressement exceptionnel, qui ne saurait
être la vertu du grand nombre. Objectera-t-on la
difficulté, l'impossibilité même d'apprécier la
valeur des capitaux intellectuels autrement que
d'après la consommation du revenu qu'on en tire?
A cela, deux réponses : en premier lieu, l'existence même d'un tel capital, chez l'homme qui

exerce une profession lettrée, n'est pas douteuse. La propriété matérielle ne constitue point, chez ceux qui en sont nantis, un caractère personnel, un attribut inhérent à leur individualité; il faut donc bien en constater la présence continue par le paiement des impôts ou par la consommation, c'est-à-dire par des actes extérieurs, périodiques. Là propriété intellectuelle, au contraire, est inhérente à la personne du professioniste, et constatée par un acte extérieur permanent, l'exercice d'une profession lettrée.

En second lieu, la présence seule d'une propriété matérielle quelconque ne suffisant point pour asseoir une présomption de capacité intellectuelle, c'est dans la quotité du revenu qu'il faut nécessairement chercher le fondement d'une telle présomption; tandis que le seul fait de l'exercice d'une profession lettrée fournit une garantie parfaitement suffisante de capacité intellectuelle.

Ainsi se trouvent réunies, chez le professioniste, les deux conditions auxquelles l'exercice des droits politiques est attaché par la loi, capacité, propriété; et leur présence est constatée par un seul fait patent, continu, incontestable, qui dispense le législateur de recourir à aucune présomption.

Le cens n'est qu'un signe présumé de la fortune du censitaire, et la fortune n'est elle-même
qu'un signe présumé de la capacité. La profession est plus que cela, car elle est tout à la fois
une preuve directe de la capacité et de la propriété. Le revenu du censitaire prouve qu'il a pu
devenir capable ; la profession de l'homme lettré
prouve qu'il l'est réellement devenu.

Je prévois une dernière objection : voyez, me
dira-t-on, combien les faits sont peu d'accord
avec vos théories. Les hommes que vous nous
proposez d'admettre à l'exercice des droits politiques forment justement la classe qui s'est montrée le plus constamment hostile à l'ordre de
choses établi, le plus animée de tendances désorganisatrices!

Vraiment, je le crois bien, quand vous les
confondez avec la foule des prolétaires, quand
vous leur refusez des droits qu'ils seraient mieux
que personne en état de comprendre et d'exercer,
quand vous niez la valeur d'un capital dont l'ac-
quisition leur a coûté des avances considérables
et de longues années d'études ! Certes, leur hos-
tilité contre un tel ordre de choses n'a rien qui
doive nous surprendre, et il y aurait plutôt lieu
de s'étonner si les hommes lettrés se constituaient

les appuis d'un régime dans lequel ils sont si peu à leur place.

A l'intelligence appartient le gouvernement de la matière ; elle y arrive par conquête ou par transaction, mais toujours elle y arrive, sinon elle périt. En France, où la lumière ne saurait s'éteindre, il faut bien que l'intelligence gouverne bon gré malgré, et il n'y aura d'organisme durable que celui dans lequel ce gouvernement dé fait sera reconnu et sanctionné par le droit.

Tout ce qui est vrai des citoyens qui exercent les professions lettrées l'est également de ceux qui remplissent des fonctions lettrées. Conçoit-on qu'un juge, un professeur, un prêtre pussent n'être pas électeurs? C'est là une de ces anomalies qui aspirent sans cesse à se corriger elles-mêmes, et qui tourmentent et agitent la société jusqu'à ce que l'ordre naturel soit établi, jusqu'à ce que les divers élémens sociaux aient obtenu le rang et la sphère d'action qui leur appartiennent.

Voyez ce qui se passe dans nos républiques ! Après des révolutions opérées par la force brutale au profit de l'égalité et de la souveraineté populaire, il suffit de quelques années de calme pour faire surnager de nouveau l'intelligence. Aussi, les partis qui aspirent à la démocratie réelle et

absolue ont-ils compris que leurs attaques de-
vaient, avant tout, se diriger contre l'élément
intellectuel lui-même. Tous les gouvernemens
qui cherchent l'ordre social dans le règne de la
force matérielle, que la forme en soit monarchique, aristocratique ou démocratique, ont une
tendance commune à passer le niveau sur les
intelligences, à éteindre les foyers de lumière
d'où surgissent les supériorités intellectuelles.
Entre la raison humaine et la force brutale,
c'est une question de vie et de mort; il faut que
l'intelligence règne ou qu'elle s'éteigne. Place,
donc, place pour l'intelligence; car, si vous ne
lui confiez le pouvoir pour vous soutenir, elle
pourrait bien s'en emparer tôt ou tard pour vous
renverser!

CHAPITRE XV.

Du vote secret ou public.

Le vote des électeurs sera-t-il secret ou public? J'avoue que cette question, qui m'avait long-temps paru décidée en faveur du vote secret, me semble aujourd'hui douteuse à cause de la double influence qu'exerce la publicité sur les opérations électorales.

L'électeur est en présence du public, de cet être collectif dont l'opinion est conforme aux intérêts généraux du pays. Mais du milieu de cette masse surgissent des individus ou des collections d'individus plus ou moins dominés par des intérêts spéciaux, et qui font tous leurs efforts pour diriger l'élection dans le sens de ces intérêts, en exerçant sur l'esprit des électeurs une influence contraire à celle des masses, une influence corruptrice.

Tout électeur se trouve donc, par la publicité du vote, soumis à deux influences contraires : à l'influence protectrice de l'opinion publique et à l'influence corruptrice d'individus spécialement intéressés au résultat de l'élection ; tandis que, par le vote secret, il échappe à l'une et à l'autre.

La votation publique, telle qu'elle se pratique en Angleterre, met les électeurs sous le réat de l'influence protectrice ; mais elle les livre aussi à l'influence corruptrice.

La votation au scrutin, telle qu'elle se pratique en France, met, il est vrai, les électeurs à l'abri de l'influence corruptrice ; mais elle les soustrait aussi à l'influence protectrice.

Qu'on se représente maintenant les citoyens de chaque arrondissement électoral rangés, d'après leurs capacités, de manière à former une série continue depuis le plus haut degré d'aptitude jusqu'à l'absence de toute aptitude. L'influence protectrice ne s'exercera presque pas sur les degrés inférieurs. Le manœuvre, l'homme qni n'a développé que ses facultés physiques, est à peu près indifférent aux jugemens de l'opinion publique sur sa conduite personnelle. Cette opinion, dont il serait l'organe le plus aveugle en l'absence de tout motif séducteur, le laissera sans armes contre la corruption, parce que la considération qui s'acquiert par des actes d'indépendance politique ne forme point un élément essentiel de son bien-être. Mais, plus on s'élève dans la série, plus on trouve de sensibilité aux jugemens de l'opinion publique, et les degrés supérieurs nous montrent des citoyens qui envisagent la considération attachée à une conduite politique honorable comme un élément de bonheur sans lequel les autres perdraient leur prix. L'influence protectrice va donc en croissant depuis le plus bas degré de la capacité électorale jusqu'au plus élevé.

L'influence corruptrice, au contraire, décroît à mesure qu'on s'élève dans la série. En effet, cette influence tire sa force de la position sociale de ceux qui l'exercent, de la puissance dont ils disposent, des moyens qu'ils ont de faire du bien ou du mal à autrui. Or, cette puissance est une quantité purement relative; elle ne saurait devenir un moyen d'action, pour ceux qui la possèdent, qu'à l'égard de ceux qui en sont privés, ou qui n'ont pas une puissance égale. Son efficacité diminuera donc à mesure que les individus qui sont l'objet de son action seront plus élevés par leur position sociale, à mesure qu'ils auront à un plus haut degré cette indépendance de fait qui résulte de la fortune, et cette indépendance de caractère qui est en partie le fruit du développement intellectuel et moral, c'est-à-dire de la capacité acquise. L'influence corruptrice va donc en décroissant depuis le plus bas degré de la capacité électorale jusqu'au plus élévé.

Ainsi, les deux influences contraires croissent et décroissent, sur la série des capacités, en sens inverse l'une de l'autre, de sorte que chacune d'elles domine presque seule une des extrémités, et qu'elles doivent à peu près se neutraliser au centre.

Qu'en résulte-t-il pour la question qui nous occupe? C'est qu'on ne peut la résoudre qu'en vue d'un système électoral donné, dont la base soit définitivement établie et connue. Cette base est-elle étroite? n'accorde-t-on le droit électoral qu'à des citoyens placés aux degrés supérieurs de la série des capacités? alors, il y a peu de chose à craindre de l'influence corruptrice, beaucoup à espérer de l'influence protectrice; il convient d'admettre le vote public.

La base du système est-elle au contraire fort large? accorde-t-on le droit électoral à une masse tout-à-fait prépondérante de citoyens appartenant aux degrés inférieurs de la série? alors, il y a beaucoup à redouter de l'influence corruptrice, peu de chose à espérer de l'influence protectrice. Il convient d'établir le vote secret.

Le système électoral est-il enfin tel que, parmi les électeurs, il n'y ait aucune majorité constante et certaine de capables ou d'incapables? alors les inconvéniens et les avantages des deux modes se neutralisent, et il y a autant de raison pour admettre le vote public que le vote secret. Le système consacré par la loi française étant évidemment un système à base étroite, où les électeurs ne forment qu'une fraction minime du nombre des citoyens et sont doués en grande majorité d'une incontestable aptitude aux fonctions électorales, il semble que la substitution du vote public au vote secret doive y être désirée.

Le vote secret a une grande part dans l'isolement des électeurs, en ce qu'il prive le public de tout moyen d'exercer un contrôle sur les opérations des colléges, et que la responsabilité d'un mauvais choix, au lieu de tomber sur des individus assignables, ou sur la majorité même qui a fait le choix, se divise entre tous les membres dont se compose le collége. On conçoit facilement l'influence que doivent exercer, à la faveur de telles circonstances, les intérêts purement locaux et les sympathies individuelles des électeurs ; on conçoit que le Député qui aura su, par des actes de munificence ou de patriotisme départemental, se rendre cher aux citoyens de son arrondissement, puisse être préféré à de plus dignes, et perpétuellement réélu, quelle qu'ait été sa conduite politique dans la Chambre.

D'un autre côté, il faut reconnaître que l'introduction de la publicité dans les opérations électorales présente de graves dangers. C'est une mesure dont il est impossible de prévoir et de calculer toutes les conséquences, parce que la pratique du scrutin secret ne fournit aucunes données certaines sur les forces relatives de l'influence protectrice et de l'influence corruptrice.

Dans un pays tel que l'Angleterre, où la votation publique a été pratiquée jusqu'à ce jour, la question se présente sous un tout autre aspect. On a vu la corruption à l'œuvre ; on a pu en apprécier l'efficacité, en calculer approximative-ment les résultats, exprimer en chiffres de combien elle l'emporte sur l'influence protectrice de l'opinion. Or, comme la base du système élec-toral y est très-large, et qu'on ne peut songer à la rendre plus étroite, la convenance du voté secret devient susceptible d'une démonstration rigoureuse.

En France, on ne saurait alléguer, à l'appui d'une réforme en sens inverse, que des hypo-thèses plus ou moins probables, et une année d'expérience en apprendrait plus que tous les rai-sonnemens imaginables sur le degré d'efficacité que peuvent acquérir les moyens de corruption, et sur le degré de force avec lequel l'opinion pu-blique agirait pour neutraliser l'emploi de ces moyens. Mais, outre que l'expérimentation n'est guère possible en pareille matière, la marche ordinaire que suivent, dans leur développement, les institutions politiques, tendant à élargir plutôt qu'à rétrécir la base du système électoral, on se verrait peut-être ramené tôt ou tard à la votation secrète par les mêmes principes qui l'auraient fait écarter aujourd'hui.

En d'autres termes, s'il n'est pas certain que le vote secret pourvoie aux besoins présens, il est certain qu'il pourvoira aux besoins futurs; tandis que le vote public, dont la convenance actuelle est loin d'être incontestable, deviendra certainement nuisible dans un avenir plus ou moins rapproché.

Ces considérations, qui militent pour et contre la publicité des votes, me laissent à peu près neutre sur la question; toutefois, j'avoue que je penche plutôt pour la publicité, parce que les inconvéniens éventuels et incertains de la corruption me paraissent encore préférables aux inconvéniens actuels et certains de l'isolement des électeurs, ou parce que la corruption, en tant qu'elle s'exercera sur les électeurs, me paraît moins redoutable que la corruption à laquelle les Députés eux-mêmes sont exposés.

Est-il plus aisé au gouvernement de distribuer

de l'argent, des titres ou des décorations à deux ou trois cent mille électeurs, répandus sur la surface entière du royaume et maîtres chez eux, que de gagner par de tels moyens deux ou trois cents Députés qui, pendant sept ou huit mois de l'année, sont soumis à son influence, et font, en quelque sorte, ménage commun avec lui ? Toute la question est là ; car la votation secrète produit l'isolement des électeurs ; cet isolement affaiblit l'action de la responsabilité morale sur les Députés, et le défaut de responsabilité morale expose les Députés à l'influence corruptrice du gouvernement.

Bien plus ; l'isolement des électeurs, ainsi que je l'ai dit, les expose à une autre espèce de corruption, à celle qui s'adresse aux intérêts de localité, et que les fontionnaires départementaux ont mille moyens de pratiquer sans dépasser le moins du monde la limite de leurs attributions constitutionnelles. Or, cette corruption s'exerçant collectivement sur tout un collége, le vote secret ne saurait en paralyser l'effet, quelque efficace qu'on le suppose pour empêcher la corruption individuelle. Il n'y a que l'opinion publique dont l'influence puisse neutraliser cette corruption collective.

CHAPITRE XVI.

Du petit nombre des éligibles.

Quoique le cens de 500 francs soit facilement éludé, quoiqu'on ne puisse pas en fait le considérer comme une condition réelle d'éligibilité aux fonctions législatives, il n'en est pas moins vrai qu'il contribue à diminuer le nombre des éligibles, parce que les manœuvres auxquelles il faut avoir recours pour échapper à la loi ne sont point à la portée de tous, et qu'elles répugnent même à l'austérité de certaines consciences provinciales, peu familiarisées avec l'usage des fictions en jurisprudence.

Mais la principale cause du petit nombre des éligibles effectifs, c'est le dérangement complet que l'exercice des fonctions de Député occasione dans la vie privée de ceux qui les remplissent. L'homme qui est obligé de séjourner à Paris, et de s'y occuper sans interruption des affaires publiques pendant la moitié ou les deux tiers de l'année, doit, s'il a son domicile réel dans un autre département, abandonner le soin de ses propres affaires, c'est-à-dire la gestion de ses propriétés ou la direction de ses entreprises industrielles ; il doit, en outre, quitter sa famille et pourvoir à un surcroît de dépenses que le désir très-naturel de maintenir sa position sociale peut rendre singulièrement ruineux.

De ce fait incontestable découlent certaines conséquences qui méritent d'être prises en sérieuse considération.

D'abord, les conditions d'éligibilité ne sont plus celles qu'indique la loi. Il ne s'agit plus de savoir quels sont les contribuables qui paient réellement ou fictivement le cens exigé. A cette condition apparente, imposée par le droit écrit, substituez cette condition de fait imposée par la force des choses : « Ne pourront être élus Députés » que les citoyens dont les affaires privées leur » permettront de résider à Paris et d'y consom- » mer improductivement chaque année dix ou » quinze mille francs. »

De là résulte un déplacement de l'éligibilité par l'effet duquel les catégories appelées à composer la législature ne sont point celles que le législateur voulait y faire entrer. L'éligibilité apparente ou de droit aurait appartenu essentiellement aux propriétaires fonciers, à ceux de tous

les contribuables dont le revenu est le plus fortement imposé ; tandis que l'éligibilité réelle, ou
de fait, appartient essentiellement à ceux dont
le revenu peut se percevoir à Paris sans diminu-
tion, ou s'y consommer en tout ou en partie sans
surcroît de dépenses, c'est-à-dire aux hommes à
grandes fortunes, aux célibataires à fortune
moyenne, à ceux qui ont leur domicile réel dans
le département de la Seine ou dans les départemens circonvoisins, aux créanciers de l'État,
aux rentiers de toute espèce et aux fonctionnaires
publics.

Que ces catégories soient, à tout prendre, les
plus intelligentes, c'est ce que je ne prétends
pas nier. Sont-elles les plus aptes à représenter
l'intérêt général du pays? Est-ce parmi elles
qu'on trouve le plus de vrai patriotisme et le
moins d'ambition personnelle, le plus de docilité
aux manifestations de l'opinion publique et le
moins de soumission aux influences de la haute
société parisienne? J'ose exprimer un doute à
cet égard.

Mais le plus grand mal gît peut-être en ce que
l'élection ne se renferme pas strictement dans ces
catégories, et qu'elle ne peut guère en sortir sans
tomber sur des hommes pour qui la députation

deviendra une affaire lucrative, un moyen de fortune.

Ainsi, d'un côté, des hommes que leur position éloigne trop du peuple pour qu'ils puissent connaître et représenter ses véritables intérêts; de l'autre, des hommes qui appartiendraient au peuple par leur position, mais qui ne peuvent accepter les fonctions de Député qu'en renonçant à leur indépendance : tels sont les élémens dont se compose la classe réellement éligible. Ce n'est pas le cens de cinq cents francs, ce sont les circonstances matérielles de la position des Députés qui diminuent le nombre des éligibles aptes à remplir de telles fonctions.

Enfin, cette réduction dans le nombre des éligibles fait naître, quelles qu'en soient les causes, de graves appréhensions, lorsqu'on se rappelle le rôle que doit jouer l'élection comme moyen d'application de la responsabilité morale. Que devient cette sanction entre les mains d'électeurs qui ne sont pas libres de choisir? Quelle influence peut-elle avoir sur les actes politiques de Députés dont la nomination est imposée aux électeurs par des circonstances indépendantes de ces mêmes actes?

La capacité des électeurs contribue encore à restreindre leur faculté de choisir. Ils connaissent trop l'importance de l'aptitude intellectuelle pour donner leurs suffrages à des éligibles qui n'en seraient pas suffisamment doués. Ainsi, grâce aux conditions réelles de l'éligibilité, c'est parce que la loi électorale fonctionne trop bien comme garantie antérieure, qu'elle fonctionne si mal comme garantie postérieure ; c'est parce qu'elle assure trop bien l'aptitude intellectuelle des élus, qu'elle se trouve impropre à garantir leur aptitude morale.

CHAPITRE XVII.

De l'indemnisation des Députés.

Au mal que j'ai signalé dans le chapitre précédent il existe un remède, l'indemnisation des Députés ; et ce remède me paraît si urgent et si indispensable, que je m'étonne de ne pas voir l'opinion publique se prononcer plus hautement en sa faveur.

Le principe de l'indemnisation fournirait le moyen, non seulement d'étendre le cercle des éligibles, mais aussi de rendre les Députés plus indépendans du gouvernement et plus dépendans de l'opinion de leurs concitoyens. Ce principe, au reste, n'est point nouveau en France, et, sans parler de l'application qui en a été faite à diverses reprises aux membres du corps législatif, n'est-il pas en pleine vigueur aujourd'hui à l'égard du président de la Chambre élective ? chose bizarre !

Pour que le président soit indépendant de la cour, du ministère et des coteries de partis, on juge convenable de lui allouer douze mille francs par mois, et les autres Députés, qui ne sont pas moins exposés que lui aux influences corruptrices, ne reçoivent pas même une indemnité pour leurs frais de voyage et de séjour à Paris.

Il n'en faudrait pas tant pour mettre les mandataires du peuple au dessus du besoin, quelque nécessiteux qu'on les suppose ; le salaire du président suffirait pour indemniser douze Députés. Seulement il ne faudrait pas que la Chambre fixât elle-même la somme ni qu'elle décrétât annuellement l'indemnisation. Elle devrait se borner à poser le principe une fois pour toutes, et en confier la réalisation aux conseils généraux de départemens. Récapitulons les avantages qui résulteraient d'une pareille mesure.

1° Plus de conditions spéciales d'éligibilité. Tout électeur pourrait devenir éligible ; et s'il le devenait de droit, il le serait aussi de fait. Par-là, se trouverait considérablement augmenté le nombre des hommes capables sur lesquels pourrait tomber le choix des électeurs, tandis que, la chance d'être élu ou réélu étant diminuée d'autant pour chaque éligible, rien n'empêcherait plus l'élection d'agir comme garantie postérieure, comme moyen d'application de la responsabilité morale.

2° Il s'établirait un lien de plus entre le mandataire et ses commettans, un lien qui rendrait ceux-ci plus attentifs à sa conduite, et celui-là plus scrupuleux dans l'accomplissement de ses devoirs. La règle de droit qui impose au mandataire salarié des fonctions plus rigoureuses qu'au mandataire gratuit, étant fondée sur le sens commun, s'appliquerait tout naturellement aux relations entre électeurs et Députés.

3° Tous les contribuables, qu'ils fussent ou non électeurs, s'intéresseraient vivement à une élection par suite de laquelle ils devraient s'imposer quelques sacrifices. L'opinion publique serait donc appelée à se manifester précisément à l'époque où il conviendrait qu'elle agît sur les colléges électoraux.

4° Enfin, par l'augmentation du nombre des éligibles se trouverait écartée l'une des principales objections qui s'élèvent dans l'état actuel des choses contre l'inéligibilité absolue des fonctionnaires publics.

J'avoue que les motifs sur lesquels on se fonde pour repousser le principe de l'indemnisation me paraissent absolument sans force.

Et d'abord, la dépense comparée au chiffre total des recettes publiques serait minime. Les départemens nomment en moyenne cinq Députés,

et paient en moyenne au moins dix millions
d'impôts, c'est-à-dire deux millions par Député,
abstraction faite des contributions indirectes.
L'addition de cinq ou six mille francs à ces deux
millions suffirait donc pour éveiller la sollicitude
et stimuler l'attention des contribuables, sans
les grever d'une charge trop onéreuse.

Quant à l'objection tirée de ce que l'indemnisation des Députés rendrait leurs fonctions moins
honorables, je ne la conçois point dans un pays
où tous les traitemens, depuis la liste civile du
monarque jusqu'au chétif salaire du garde-cham-
pêtre, sont proportionnés au degré de considération dont jouissent ceux qui les reçoivent. Si
l'on ne peut s'étayer de ce fait, pour affirmer que
les salaires soient la seule cause de l'estime qu'on
accorde aux fonctionnaires, tout au moins doit-
on en conclure qu'ils ne tendent pas à la diminuer. Pense-t-on qu'il y ait plus de honte pour
les Députés à recevoir quelques milliers de francs
de leurs concitoyens, qu'à faire antichambre chez
un ministre, et à mendier pour eux et pour leurs
familles des places lucratives ?

Le désintéressement est et demeure une belle
vertu; faire acte de patriotisme en travaillant
gratis pour son pays sera toujours, il faut l'espérer, le plus sûr moyen de mériter la confiance

des honnêtes gens et d'acquérir une popularité durable; mais le principe de l'indemnisation ne change rien à ces notions d'ordre moral. Demander s'il y a plus d'honneur à exercer gratuitement des fonctions difficiles et onéreuses qu'à les exercer en recevant un salaire, c'est mal poser la question.

Il s'agit simplement de savoir si une indemnité convenable, attachée à de telles fonctions, ne sera pas le moyen d'obtenir un plus grand nombre de fonctionnaires capables, ou de mettre les fonctionnaires, une fois nommés, à l'abri des motifs séducteurs qui résulteraient de leur position.

Combien voit-on d'hommes sur lesquels le patriotisme agisse avec assez d'énergie et de continuité pour les soutenir sans interruption dans une longue carrière de sacrifices personnels ; et de travaux purement gratuits! Les garanties constitutionnelles doivent être fondées sur les faits généraux qui caractérisent la société humaine; elles doivent être appropriées à l'état normal et ordinaire de cette société.

Une dernière objection se tire de ce que la députation étant rendue lucrative deviendrait le point de mire d'ambitions mesquines et vulgaires, pour lesquelles l'indemnité, au lieu d'être l'accessoire de la fonction, serait la chose principale.

A cela je réponds que, dans l'état actuel des choses, la députation est bien plus qu'une place simplement lucrative ; c'est un moyen de fortune, c'est le marche-pied pour s'élever à tout, le premier pas vers ce qui peut satisfaire les ambitions de toute espèce : en sorte que si les fonctions de Député sont encore envisagées par la majorité de ceux qui les remplissent comme la plus noble carrière à laquelle un citoyen puisse aspirer, ce n'est pas à l'absence d'indemnité qu'on le doit, mais au bon esprit qui anime les électeurs.

Doit-on se défier assez des deux ou trois cent mille personnes formant l'élite de la nation française, pour croire qu'elles donneront leurs suffrages à des intrigans nécessiteux, à des hommes sans mérite réel, pour qui l'élection ne serait que le moyen de se procurer un revenu temporaire de quelques milliers de francs ?

Je ne puis, quoique étranger, admettre une telle supposition, et je ne conçois point qu'elle aborde l'esprit d'un Français, tant elle me paraît injurieuse pour la nation entière.

CHAPITRE XVIII.

De l'éligibilité des fonctionnaires.

Dans un grand État, centralisé comme la France l'est aujourd'hui, les fonctionnaires sont tellement sous la main du gouvernement, que l'indépendance politique est pour eux une vertu impossible. Je puis croire à l'impartialité d'un juge siégeant sur son tribunal ; je puis croire à la probité d'un préfet, d'un receveur, d'un chef de bureau, exerçant leurs fonctions administratives ; je ne puis pas, je ne dois pas croire à leur impartialité, lorsqu'ils exercent des fonctions politiques, lorsqu'ils sont appelés à se prononcer ouvertement sur des questions que le gouvernement a décidées lui-même dans un certain sens ; cette impartialité serait d'ailleurs incompatible avec l'ordre et l'unité qui doivent régner dans une administration centralisée. Que deviendrait la manœuvre sur un vaisseau, que deviendrait le vaisseau lui-même, si les commandemens du chef n'étaient pas respectés et strictement suivis par les officiers et les matelots ?

Des fonctionnaires amovibles et promovibles, comme le sont ceux de l'ordre administratif, ne sauraient donc représenter fidèlement l'intérêt général de la société; car ils ont une position exceptionnelle, qui crée chez eux des intérêts tout spéciaux. Leur avenir est entre les mains du ministère régnant, et dépend des volontés de ce ministère beaucoup plus que des lois et des mesures générales auxquelles ils participeraient comme Députés.

N'y a-t-il pas aussi un grave inconvénient à les sortir de la sphère d'action qui leur est assignée pour en faire des législateurs? Que deviennent, pendant leurs travaux à la Chambre, les fonctions pour lesquelles ils sont largement rétribués par l'État, et à l'exercice desquelles ils sont tenus de consacrer leur temps et toutes leurs facultés? La sagesse populaire dit qu'on ne saurait être à la fois au four et au moulin. La séparation des fonctions, c'est-à-dire l'attribution des fonctions diverses du gouvernement à des individus distincts, n'est qu'une application du principe de la division du travail, et présente les mêmes avantages que toute autre application de ce principe; savoir : économie dans la production et amélioration des produits.

Enfin, l'éligibilité des fonctionnaires fournit au

gouvernement un puissant moyen de corrompre les Députés élus par l'appât séduisant de places lucratives, qu'ils pourront accepter sans renoncer aux honneurs de la députation. Ce dernier danger a été reconnu, et c'est pour y obvier que la loi fait sortir de la Chambre tout Député revêtu de quelque nouvelle fonction, jusqu'à ce qu'il ait été réélu par le collége qui l'y avait déjà fait entrer. Ces mêmes électeurs que l'on juge incapables de faire un bon choix en dehors des catégories étroites fournies par le cens d'éligibilité, on les suppose capables d'apprécier l'effet que produira, sur l'indépendance d'un Député, l'acceptation et l'exercice d'une fonction publique.

J'ai meilleure opinion des électeurs, car je les crois parfaitement en état de choisir leurs mandataires en dehors des catégories actuelles d'éligibles; et s'il leur arrive trop fréquemment d'accorder leurs suffrages à des fonctionnaires, j'en vois la cause, soit dans le petit nombre d'hommes capables sur lesquels leur choix peut tomber, soit dans l'isolement des colléges électoraux et dans le défaut d'esprit public résultant de cet isolement.

On a rendu éligibles jusqu'aux ministres eux-mêmes, quoique la Charte eût suffisamment pourvu aux communications nécessaires qui doivent s'établir entre eux et la législature, en leur donnant le droit d'assister aux séances des deux Chambres et d'y prendre part aux délibérations quand ils le voudraient. En Angleterre, où les ministres n'ont pas ce droit, leur éligibilité se justifie à la rigueur; en France, elle est d'une absurdité palpable.

Au reste, l'opinion a fait des progrès sur ce point, et l'exclusion absolue des fonctionnaires est peut-être une des réformes qui se feront le moins attendre. On l'a déjà introduite à l'égard des préfets qui, sous la restauration, entraient en si grand nombre dans la Chambre des Députés; or, il n'y a pas un fonctionnaire de l'ordre administratif contre l'éligibilité duquel on ne puisse faire valoir, avec plus ou moins de force, les motifs qui ont fait supprimer celle des préfets. Le principe est trop évident pour s'arrêter en si beau chemin; il s'imposera tôt ou tard avec toutes ses conséquences au bon sens des législateurs français; mais alors on sentira la convenance d'étendre l'éligibilité à de nouvelles catégories pour que l'exclusion absolue des fonctionnaires ne vienne pas restreindre la liberté déjà si incomplète des choix électoraux.

CHAPITRE XIX.

Des réformes inadmissibles.

La loi électorale, de même que tant d'autres institutions politiques en France, ne se lie point aux antécédens historiques de la nation. Il ne s'est conservé aucune tradition et presque aucun souvenir des élections qui avaient lieu par bailliages ou par sénéchaussées pour les États-généraux. Les noms et l'usage de ces divisions territoriales ont disparu avec les divisions elles-mêmes, et la génération actuelle connaît si peu le droit public de l'ancienne monarchie, que l'on chercherait en vain, chez les nombreux historiens de la révolution de 1789, quelques notions détaillées sur l'élection des membres de l'Assemblée nationale. Quant aux systèmes électoraux successivement établis par les constitutions de 1791, 1793, 1795, 1799, 1802 et 1804, ils n'ont pu, grâce à leur durée éphémère, laisser aucune trace dans les habitudes ni dans les idées du peuple.

L'histoire de l'élection commence donc en France avec la Charte de 1814, et l'on ne saurait invoquer, à l'appui d'une réforme de la loi actuelle, d'autres antécédens que ceux de la restauration. Or, les lois qui ont régi l'élection pendant cette période étant moins libérales, c'est-à-dire établissant l'élection sur une base moins large que la loi actuelle, ne peuvent avoir créé des habitudes ou des intérêts favorales à un progrès ultérieur. Tout ce qu'on peut espérer, c'est que cet exercice du droit électoral pendant un quart de siècle rendra désormais impossible le retour à un système tel que celui de la constitution impériale ; c'est que les citoyens qui ont été si long-temps appelés à l'élection directe de leurs représentans ne se laisseront plus dépouiller de ce droit acquis, et qu'ils protesteront à l'avenir aussi énergiquement qu'ils l'ont fait en 1830, contre toute atteinte portée aux principes fondamentaux du gouvernement représentatif. Je considère cet enracinement d'une institution dans les mœurs nationales comme un gain immense ; car j'ai peine à croire que des tendances ultra-monarchiques pussent long-temps prévaloir contre la volonté de deux cent mille électeurs répandus sur tous les points du royaume, et renfermant les classes les plus influentes de la société.

La réforme de 1831, entée sagement sur l'organisme déjà établi, offre tous les caractères d'un progrès réel et durable. Il ne s'agit plus maintenant que de continuer l'œuvre commencée, de tirer des principes admis de nouvelles conséquences, d'ajouter à l'édifice existant de nouvelles constructions élevées non sur le terrain mouvant du droit philosophique, mais sur le sol récemment affermi du droit historique.

Les réformes qui sont proposées en ce moment, au nom de deux partis extrêmes, ont ceci de commun qu'elles ne se lient à aucun antécédent, qu'elles ne découlent d'aucun ensemble de principes généralement admis, et qu'elles manqueraient ainsi entièrement d'une base historique.

Elles auraient un autre inconvénient : par le suffrage universel avec l'élection indirecte les électeurs actuels se verraient dépouillés de leurs droits acquis; par le suffrage quasi-universel de la garde nationale ils seraient réduits à de si faibles minorités dans les colléges électoraux, que l'exercice de leurs droits deviendrait comparativement nul et illusoire. C'est que les deux réformes proposées seraient contraires aux principes dirigeans de la loi en vigueur, et qu'on ne peut changer les principes dirigeans d'une institution sans porter atteinte à des droits acquis,

Je ne pense pas qu'on puisse fonder sur cette violation de droits acquis un argument décisif contre un système électoral quelconque, envisagé théorétiquement; je la signale seulement comme un obstacle de fait aux réformes dont il s'agit, comme une raison suffisante pour ne pas croire à leur admissibilité pratique.

De quel corps, en effet, veut-on obtenir les réformes? De celui-là même dont la composition actuelle est le résultat de la loi, de cette législature choisie par les électeurs à deux cents francs, et plus ou moins imbue de leur esprit; de ces hommes, enfin, pour lesquels, grâce aux vices du système électoral, la députation est presque devenue un privilége. C'est un tel corps, ce sont de tels hommes qu'il faut amener à reconnaître que les principes en vertu desquels ils ont obtenu le pouvoir étaient autant d'erreurs et doivent être remplacés par d'autres principes tout contraires! Il faut leur inspirer à la fois et cette conviction, et la volonté d'agir en conformité de cette conviction!

Il n'y a qu'une puissance capable d'opérer de tels prodiges, c'est celle de l'opinion publique, lorsqu'elle se prononce avec uniformité et qu'elle se manifeste avec énergie; mais, si l'opinion était réellement favorable à une réforme radicale

du système électoral, si les principes dirigeans
de la loi actuelle n'avaient plus vie dans la société
française, on verrait les électeurs eux-mêmes se
faire les organes des nouveaux besoins, procla-
mer les nouveaux principes, et montrer dans
l'exercice de leurs droits politiques un esprit
tout différent de celui qui les anime aujourd'hui;
car ils sont placés de manière à être inévitablement, tôt ou tard, entraînés par une opinion
publique uniformément et hautement mani-
festée.

Ainsi donc, non seulement les réformes proposées, s'il était possible de les introduire, manqueraient de tous les appuis qui peuvent rendre
une institution efficace et durable, mais l'introduction même en est impossible, au moins par
les voies constitutionnelles.

Quant aux moyens révolutionnaires, je doute
qu'ils puissent jamais opérer une véritable réforme de principes. Toute révolution dont l'effet
ne se borne pas à un déplacement de personnes
n'est elle-même que l'effet d'une transformation
préalable opérée dans les besoins et dans les
idées de la société. Il court par le monde certaines illusions singulièrement puériles à cet
égard. On croit changer les institutions d'un

pays en élevant des barricades et en tirant des coups de fusil dans les rues de la capitale, comme si les barricades pouvaient arrêter, ou les coups de fusil tuer autre chose que des hommes !

CHAPITRE XX.

Des réformes admissibles.

A l'égard des réformes admissibles, c'est-à-dire de celles qui ne toucheraient pas aux principes de la loi, mais qui devraient plutôt en être considérées comme les développemens, le consentement de la législature ne sera pas plus diffile à obtenir qu'il ne l'a été pour tant d'innovations d'abord repoussées par une grande majorité, puis adoptées plus tard par une majorité non moins grande, une fois que les questions avaient été suffisamment éclaircies et débattues.

Parmi ces réformes, il en est que je n'hésite point à regarder comme admissibles ; il en est d'autres dont l'admissibilité me semble douteuse, et sur lesquelles je désire seulement attirer l'attention des hommes éclairés qui connaissent mieux que moi l'état moral et les allures sociales de la France.

L'utilité de ces diverses modifications à la loi électorale, la nécessité urgente de quelques unes d'entre elles, ayant été démontrées dans les chapitres précédens, je me borne ici à une simple énumération, afin de résumer et de reproduire, sous les yeux du lecteur, en terminant cet écrit, les conclusions auxquelles je suis arrivé.

Les réformes que je regarde comme parfaitement admissibles, sont les suivantes :

1° L'extension du droit électoral à tous les citoyens exerçant des professions ou des fonctions lettrées.

2° La suppression du cens d'éligibilité, en tant qu'il excède le cens électoral.

3° L'indemnisation des Députés.

4° La centralisation de l'élection , autant qu'elle pourra s'opérer sans que les colléges électoraux aient chacun plus de deux Députés à élire.

5° L'inéligibilité absolue des fonctionnaires.

Les réformes dont l'admissibilité me paraît douteuse sont :

1° La substitution des colléges de département aux colléges d'arrondissement, c'est-à-dire une centralisation plus complète que celle dont l'admissibilité me paraît incontestable.

2° La substitution du vote public au vote se-cret dans les élections.

FIN.

TABLE

DES CHAPITRES.

FIN DE LA TABLE.